《和顺牛业40年》

编 委 会

主　　任　孙永胜

副 主 任　贾海涛　李朝龙　王树华

委　　员　张元庆　杨效民　王　曦　梁建宏

乔　勇　张宪恩　李计林　张竹林

赵　彬　吴传华　王素萍　高远健

编写人员

主　　编　李计林　赵乃喜

副 主 编　赵　彬　武勇东

编写人员　张元庆　王树华　杨效民　王　曦

张志军　王晓云　卢国斌　卢志栋

和顺牛业40年

和顺县人民政府
山西省农业科学院畜牧兽医研究所　编

中国农业科学技术出版社

图书在版编目（CIP）数据

和顺牛业40年／和顺县人民政府，山西省农业科学院畜牧兽医研究所编．—北京：中国农业科学技术出版社，2020.6

ISBN 978-7-5116-4706-1

Ⅰ．①和… Ⅱ．①和… ②山… Ⅲ．①肉牛-养牛业-概况-和顺县 Ⅳ．①F326.33

中国版本图书馆CIP数据核字（2020）第068367号

责任编辑 张国锋
责任校对 李向荣

出 版 者 中国农业科学技术出版社
北京市中关村南大街12号 邮编：100081
电　　话 (010)82106636(编辑室) (010)82109702(发行部)
(010)82109709(读者服务部)
传　　真 (010)82106631
网　　址 http://www.castp.cn
经 销 者 各地新华书店
印 刷 者 北京建宏印刷有限公司
开　　本 710mm×1 000mm 1/16
印　　张 10
字　　数 184千字
版　　次 2020年6月第1版 2020年6月第1次印刷
定　　价 68.00元

序

和顺历史悠久，民淳俗厚，物华天宝。在这块古老淳朴的土地上，勤劳朴实的和顺人民在长期的社会实践中，培育出数以百计的地方名特产品，其中和顺肉牛就是最具特色的代表。它是依靠当地水草资源、气候条件、人文因素，采用引进国外优种西门塔尔牛与和顺当地黄牛杂交的方法，经过反复试验，不断总结提高而形成的优良肉牛品种。和顺肉牛体躯深宽，结构匀称，肌肉发达，后躯丰满，被毛光亮；牛肉品质细嫩，色鲜味美，胴体脂肪洁白，肌纤维囊间脂肪沉积明显，呈大理石状花纹，是和顺人与大自然经久谋合，四十年锲而不舍的经典之作。2011 年 6 月，国家质监总局批准"和顺肉牛"为地理标志保护产品，标志着"和顺肉牛"的生产、规范、保护与发展进入了一个新的时期。

和顺养牛业久负盛名，早在 1978 年就被列为全国商品牛基地县，全国性的黄牛改良、肉牛生产会议曾两次在和顺县召开，推广和顺在黄牛改良、肉牛生产方面的经验。近年来，国家农业部（现"农业农村部"）先后六次对和顺县肉牛生产给予表彰，授予"全国商品牛生产基地县"荣誉称号，2009 年和顺县入选全国优质农特产品（肉牛）百强县，2001 年和顺县承担的国家科技攻关项目——中国西门塔尔牛太行山类群选育工作通过验收，和顺西门塔尔牛杂交牛被确定为中国西门塔尔牛太行山区类群，"和顺肉牛"的地位和品牌正式被确立。2010 年 8 月，由国家肉牛产业技术体系遗传育种与繁殖实验室、中国农业科学院肉牛研究中心、中国牛业协会、中国西门塔尔牛育种委员会主办的"中国优质肉牛产业可持续发展战略峰会"在和顺隆重举行，肉牛产业高端知名学者，围绕肉牛产业可持续发展、品种选育、繁殖生物技术、牛肉安全等核心议题深入探讨研究，对和顺养牛业快速发展，“和顺肉牛”知名度的进一步提高，尽快把“和顺肉牛”这一产业品牌推向全国产生了积极的推动和促进作用。

多年来，和顺县委、县政府始终把养牛业作为强农富民的产业加以培育，一届接着一届抓、一任接着一任干，“和顺肉牛”的培育和肉牛养殖业不断实现新跨越。近十年来，和顺县以“十企百区千户”现代养牛业建设工程为抓手，先后培育了绿和、天和、德牧、银河湾、宏泰、德毅、东泰、望岳、禾润等肉牛养殖企业，扶持建设了 158 个养牛园区，实现了龙头企业蓬勃发展，养牛园区覆盖全县，牛群结构日趋合理，养牛效益显著提高的目标。进入“十三五”以来，特别是脱贫攻坚期，县委、县政府整合扶持资金 3 400 多万元着力扶持养牛业发展，养牛业真正成为了贫困农户脱贫增收的主导产业，成为了农村经济发展的朝阳产业。

四十年来，和顺肉牛培育与养牛产业发展相携相伴，一部和顺肉牛培育史就是和顺肉牛产业的发展史。四十年我们坚持品种选育不动摇，与省农业科学院畜牧兽医研究所密切合作，认真开展了核心场母牛基础数据的整理、肉牛育肥屠宰试验、系列地方标准的制定、基因分子检测等工作。目前，“和顺肉牛”已经形成了稳定的遗传繁殖群体，在品种、品质、规模等方面均具备了申报肉牛品种的条件。为此，特编写《和顺牛业 40 年》一书，以助推和顺县“太行云牛”品种审定工作。

前 言

在战国时期，著名思想家列子著有一篇小品文，叫作《愚公移山》。说的是在古时候冀州之南，河阳之北，有两座方圆700里、高万仞的高山：太行山和王屋山，在山前面住着一位叫愚公的人，他的年龄已经快90岁了。他家门口由于这两座大山的阻挡，每次出行都要绕很远的路。在这种恶劣环境中，人通过举家挖山不止的举动与大自然“博弈”，最后感动神力，在神力辅助下改造了自然，把这两座大山移走。不过，这仅仅是个寓言故事，用于激励人们奋发努力。在中国共产党的“七大”闭幕式上，毛泽东同志又以《愚公移山》为题目，发表了重要讲话，用以要求共产党发扬愚公精神，坚持抗战，取得最后胜利。现如今，居住在太行山里的现代人再一次发挥了现代太行精神，他们用了40多年，引进国外的优秀种牛，把当地的黄牛改良成适合当地环境，能给当地百姓带来丰厚收入的“太行云牛”。不过，这应该不是地理位置上的巧合。

“太行云牛”由国外优种西门塔尔牛与和顺当地黄牛杂交形成。“太行云牛”体躯深宽高大，结构匀称，体质结实，肌肉发达，后躯丰满，被毛光泽。毛色为红（黄）白花，环境适应性好，抗病力强，繁殖率高，耐粗饲，牛肉产品细嫩，色鲜味美，深受养殖户和消费者青睐。

和顺县地处太行山中段，山大坡广，水草丰盛，遍布全县的山涧小河，清澈泉水，富含各种矿物质和微量元素，漫山遍野的牧草和丰富的农作物秸秆营养可口，全县境内没有污染自然环境的企业。夏秋放牧，冬春舍饲的“纯天然”饲管理念，独特而丰富的草山、草地资源，优质的矿泉、地下水，无污染的生长环境，既是和顺县养牛业健康发展的基础，也是“和顺肉牛”品质独特的重要成因。

和顺县是养牛大县，在推进养牛业发展的进程中，着力弘扬“牛文化”，我们大力弘扬广为流传的“牛郎织女”民间传说，每年七夕节的文化活动已成惯例。在 G207 县城入口处塑有牛雕像，每年都要举办规模宏大的赛牛大会，对评选出的优质肉牛予以披红戴花，并给予牛主人物质、荣誉奖励。这些举措潜移默化地影响着和顺人，尤其是和顺的养牛人，一个“爱戴牛、珍惜牛、养好牛”的传统蔚然成风。独特的人文环境对于和顺县“太行云牛”的培育和牛品质的提高是不可或缺的因素。

从 1973 年开始，和顺县委、县政府始终把养牛业作为主导产业加以培育，一任接着一任干，一年接着一年抓。从遴选引进优质牛品种开始，县级主要领导亲力亲为，四大班子领导分片包干，明确责任。县、乡、村三级同心协力。服务养牛户，扶持典型户，疏浚流通环节。从政策制定、资金扶持、技术传授等各个方面倾注了大量的心血。坚持大抓 40 年，和顺县养牛业及和顺县肉牛培育均得到了长足发展，牛的数量逐年增长，牛的质量稳步提升，实现了由耕牛到肉牛，由“养牛为耕田”到“养牛为赚钱”的历史性转变。形成了繁育—育肥—屠宰加工—销售一条龙的产业发展新格局。2019 年，“太行云牛”饲养总量达到了 11.23 万头，年出栏肉牛 40 288 头，养牛收入 12 088 万元，人均养牛纯收入 1 085 元，畜牧业产值占农业产值的比重为 40%，而养牛业产值占畜牧业产值的份额达到 80%。和顺县成为名副其实的三晋肉牛养殖第一县。我们会依托建设美丽乡村的规划，按照实现中华民族伟大复兴的中国之梦的宏伟构想，把和顺县建成养牛强县！

目　　录

第一章　和顺县养牛业发展纪实

和顺县地处山西东陲。太行襟腰，清漳缀带，扼晋冀要冲，锁东藩门户。四周环山，县界天成。全域横 75 公里（1 公里 = 1 千米），纵 30 公里，面积 2 250 公里^2。总人口 13.8 万，其中农业人口 10.8 万，辖 5 乡 5 镇 294 个行政村。和顺县山大坡广，水草丰盛，降雨充沛，素有“八山一水一分田”之称。全县优质牧坡总面积 174.3 万亩（15 亩 = 1 公顷），四边草地 15 万亩，占全县国土总面积近 60%。每年可利用秸秆 20 万吨，饲草饲料充足，自然气候条件非常适宜草食畜牧业的发展。

和顺县养牛历史悠久，养殖时间虽无典籍确切记载，但发源于和顺县的牛郎织女神话传说，以及世代流传、耳熟能详的牛的谚语、牛的故事则足以佐证。对养牛业有明确记载的是 1949 年新中国成立时，据《和顺县志》记载，1949 年全县存栏牛 12 547 头。新中国成立后的 1950 年至 20 世纪 70 年代初期和顺县养牛业经历了曲折缓慢的发展历程，牛的数量时增时减，牛的品种参差不齐，牛的体型小，经济性能差，养牛效益低。

1973 年对于和顺县养牛业的发展具有划时代的意义，这一年和顺县委采纳县畜牧局的建议，在全国首家进行黄牛改良试验，在山西省畜牧局、山西省畜牧科研所和山西农业大学的协助下，采用海福特、夏洛莱、西门塔尔等种牛的冷冻精液，采取人工直肠把握输精技术，对当地牛进行杂交改良。1974 年试点成功，1975 年示范性推广。1976 年当时的 15 个人民公社普遍建立黄牛改良站，配备液氮罐等输精设备，培训输精技术员，分片建立 30 个输精点，以点集中育龄母牛输精。1977 年，经对海福特、夏洛莱、西门塔尔等杂交后代对比试验，西门塔尔牛被确定为当家牛种，并在全县统一使用西门塔尔牛的冷冻精液，采用连续级进杂交方式，繁殖西杂改良牛。至此，和顺肉牛的培育拉开了序幕。

和顺放牧牛群

40多年来，一届接一届的县委、县政府，一代又一代的畜牧工作者始终把和顺肉牛培育工作放在心上，抓在手上，投入了很大的财力、物力、人力。和顺肉牛的数量不断增加，品质不断提高，养殖和顺肉牛已成为增加农民收入的主要渠道，成为发展农村经济的朝阳产业。

和顺县是养牛大县，在推进养牛业建设的进程中，始终把和顺肉牛的培育放在十分突出的位置，以育名种促发展，靠育名种增效益。和顺肉牛30多年的培育历程大体经历了4个阶段。第一阶段，1973—1977年筛选引种阶段。第二阶段，1977—1984年综合开发试验阶段，突出抓了母牛繁育、乳用性能测定、肉牛育肥试验及开发利用。第三阶段，从1985年开始的品种选育工作。1985年和顺县承担了国家科技攻关项目——中国西门塔尔牛太行山类群选育工作，并顺利通过验收。2001年，农业部第188号公告，和顺西门塔尔杂交牛被确定为中国西门塔尔太行山区类群，和顺肉牛的地位和品牌正式被确立。第四

阶段，20 世纪 90 年代至 21 世纪以来，重点抓了扩群和提升。从普及配合饲料、种草养牛、舔盐砖、小群放牧、改造养殖设施、改善养殖环境等实用技术入手，实现了优种优育，种群数量、质量得到了明显提高。目前，全县能繁母牛近 4 万头，牛群母牛比率、能繁母牛比率分别达到了 70%和 65%以上，牛群结构达全国一流水准，形成了华北地区最大的西门塔尔牛繁殖群体，牛群平均体尺、体重接近原种。和顺牛生长发育快，屠宰率高，经济性能优秀，深受农户及市场青睐。

和顺县养牛业、和顺肉牛享誉全国，农业部多次在和顺县召开会议，推广和顺经验，并授予多项荣誉。

——1976 年，全国农业展览馆展出和顺县黄牛改良经验。

——1978 年，和顺县被列为全国商品牛基地县。

——1979 年 9 月，全国肉牛繁育协作会在和顺县召开，推广和顺黄牛改良经验。

——1983 年，全国部分农区西门塔尔牛改良本地黄牛繁育技术座谈会在和顺县召开，推广和顺经验。

——1982 年，和顺县被中华人民共和国农牧渔业部授予“全国商品牛生产基地先进县”荣誉称号。

——1983 年，和顺县被中华人民共和国农牧渔业部授予“全国商品牛生产基地先进县”荣誉称号。

——1984 年，和顺县被中华人民共和国农牧渔业部授予“全国商品牛生产基地先进县”荣誉称号。

——1988 年，和顺县被中华人民共和国农业部授予“商品牛基地建设先进县”。

——1990 年，和顺县被中华人民共和国农业部授予“商品牛基地建设先进县”。

——1992 年，和顺县被农业部畜牧兽医司授予“全国畜禽品种改良先进县”。

——2009年，和顺县被中国社会科学院评为“全国优质农特产品（肉牛）百强县”。

和顺县养牛业的发展与和顺肉牛的培育相伴相携，一部和顺肉牛的培育史就是和顺县养牛业的发展史。伴随着和顺肉牛的培育，和顺县养牛业在经历了综合开发利用、家庭牧场建设、五头母牛工程建设、骨干牛场建设、养牛园区建设、推进养牛产业化等模式的发展后正在向设施完善、功能齐全、高效安全、管理先进、规模健康的现代养牛业推进。

多年来，和顺县委、县政府始终把养牛业发展放在突出位置，根据不同时期的发展现状，出台政策，制定措施，引导发展。2001年，养牛业被确定为全县六大优势产业之一，肉牛位列七大优势产品之首，制定了发展养牛业“五优先”优惠政策；2005年确立了“建设畜牧养殖加工大县”的战略目标，县委连续出台了《关于推进全县养牛产业化开发的实施意见》《关于进一步推进全县现代养牛业建设的实施意见》等文件，接连召开了全县林牧工作会议和全县林牧工作推进会等大型会议。县人民政府决定从2009年起连续五年，每年拿出1 000万元专项资金在全县实施“十企百区千户”养牛工程。一个“龙头+基地+农户”的新型产业模式，一个集屠宰加工、育肥、繁育于一体的龙型产业链已见雏形。

在政策扶持的同时，县委、县政府始终把营造发展养牛业的氛围放在十分重要的位置。着力弘扬“牛文化”，全县上下“念牛经、搭牛台、唱牛戏”，在G207县城入口处塑有牛雕像，每年都要举办规模宏大的赛牛大会，对评选出的优质肉牛予以披红戴花，并给予牛主人物质、荣誉奖励。此举措潜移默化地影响着和顺人，尤其是和顺的养牛人，一个“爱戴牛、珍惜牛”，继而“善待牛、善养牛、养好牛、靠养牛致富”的传统蔚然成风。在扶持政策的调动、市场的有效拉动和各项措施的推动下，和顺县现代养牛业建设步入了健康发展的快车道。

——肉牛育肥、屠宰加工企业发育滞后是长期以来困扰和顺县养牛业快速高效发展的瓶颈问题。要大发展，必须在屠宰加工上做文章，要大发展必须靠

和顺人爱牛如子

育肥拉动，早已成为县委、县政府及全县上下的共识。近年来，县委、县政府把屠宰加工、育肥龙头企业建设，作为现代养牛业建设工作的重中之重抓在手上，创新项目建设思路，加大招商引资力度。着力创优投资发展环境，对项目建设用地、环评、用水、用电给予积极支持，对项目建设和生产积极协助，对项目建设中遇到的困难和问题给予积极帮助解决。在 2007 年引进大友、东泰、天和三个公司投资建设育肥牛场后，2009 年又引进了德牧、龙旺两个公司投资建设育肥牛场和肉牛屠宰加工厂。非农企业和社会力量投资建设畜牧龙头企业成为畜牧业发展中的一大亮点。这些龙头企业的相继建成投产，已经为全县畜牧养殖业实现转型升级、跨越发展和农民增收发挥了积极的促进和带动作用。

松垴村是青城镇的一个小村，全村 40 户，不足 200 口人，500 余亩耕地，东泰肉牛育肥有限公司就建在这里。2007 年牛场建成后，村民的耕地就全部为牛场种植了青饲玉米，30 余名青壮劳力常年为牛场打工。2009 年，牛场为村里现金结算青饲玉米款和工资 120 万元，户均 3 万元，村民总收入翻了一番。天和公司是一个集肉牛育肥和肉牛供港业务为一身的民营畜牧企业，2007 年投产以来，已育肥肉牛 3 000 头，供港肉牛 2 600 头，肉牛供港业务既宣传了和顺牛，提高了和顺肉牛知名度，也为企业实现盈利100多万元。大友公司在李阳、义兴、松烟、马坊、平松、牛川等乡镇实施定单养牛，以高于市场价200元的价格收购农户的小公牛，让利于民，避免了牛“贱”伤农，实实在在激发了农户养牛的积极性。

——山里草、河里水，四季放牧一直以来是和顺县的养牛模式，这种基本饲养模式直接导致了牛群夏饱、秋肥、冬瘦、春死的结果。从小区建设入手，冬春“入区”舍饲成了促进和顺县养牛业健康发展的主抓手，按照因地制宜、经济适用的建设原则，围绕通水、通电、通路，硬化、绿化、美化、净化、无疫化、无害化的“三通六化”建设要求，在全县建设了100多个标准化养牛小区。养牛小区的建设，牛群“入区”舍饲，使养牛村街道干净了，牛群肥壮了，受配率提高了，效益增加了。

和顺养牛园区

横岭镇调畅村是一个养牛大村，全村101户，饲养着823头牛，2009年县、乡、村共投资40余万元改建了养牛小区，全村牛群全部“入区”饲养。

横岭镇翟家庄村、马坊乡寺头村，肉牛饲养量分居全县第一、第二，多年来一直人牛同院，2009年县里投资改建了养牛小区，还不能满足需要，2010年又给予投资，各新建一个小区。

——优质的母牛繁殖群体是养牛产业发展的前提和基础。和顺县委、县政府把母牛繁育户建设放在突出的位置，予以扶持和培育，制定了外购母牛、繁殖自留小母牛给予现金补贴，产犊母牛给予饲料补贴等一系列办法。即凡在县外购进一头西杂系列适龄母牛补贴 1 000 元，养牛农户繁殖留养小母牛，每头给予600 元的补贴，产犊母牛给予价值在200 元的饲料补贴。补贴办法的实施，极大地调动了母牛养殖户的积极性，促进了母牛群体的扩张，优化了牛群结构，促进了规模发展，为“适度规模、大群体”养牛新格局的形成奠定了基础，明显提升了全县养牛产业的发展质量。

——俗话说“兵马未动，粮草先行”。县委、县政府站在养牛业可持续发展和大农业内部结构转型的高度，大力发展青饲作物和牧草产业，每年都在全县推广种植青饲玉米、高丹草 5 万亩，全县种植的紫花苜蓿累计达到了 3 万亩。种植青饲玉米不仅提高了农民种田收入，也为肉牛育肥企业解决了饲草短缺之忧，更为养好牛奠定了基础。

“搭牛台、唱牛戏、发牛财”

——和顺县具有一支过硬的畜牧兽医技术队伍，全县 10 个乡镇建有 15 个畜牧兽医站，设有 64 个黄牛改良输精站点，配有 87 名兽医人员和 173 名村级防疫员，形成了完善的覆盖全县乡村的改良、防疫网络。2008 年，县政府对全县畜牧兽医站进行了新建，配备了仪器设备，更新了办公设施，大幅提升了全县基层畜牧、兽医服务体系的繁改、医疗、化验、检疫、信息化水平，为养牛业发展提供了有力的技术支撑。

和顺县发展养牛业前景广阔。但是要在高科技、强竞争的环境下取得更大发展，则必须与时俱进，坚持高产、优质、高效、生态、安全的现代养牛业发展道路。

“关山初度尘未洗，策马扬鞭再奋蹄”。和顺县委、县政府将继续把大力发展养牛业当作解决全县“三农”问题的主要突破口，咬定青山不放松，坚持大抓不放手，使畜牧养殖加工大县建设、现代养牛业发展不断取得新成效、新进展，真正把养牛业发展壮大成为全县农民增收的主导产业，全县农业转型发展的中轴产业，新农村建设的支柱产业，为全县农民带来更大实惠。

第二章 “太行云牛”品种简述

我国的牛繁殖改良中，“冷冻精液”技术的推广应用起到了关键作用，也给和顺县黄牛改良提供了技术支撑。和顺县地处太行山中段，隶属于山西省晋中市。同其他山区县一样，和顺县的交通也受到了自然条件的极大制约。和顺县是农业部（现称“农业农村部”）首批引进国外“牛冻精”改良本地黄牛的试点县。40 年来全县上下本着科学的态度，艰苦奋战。为改革山区养牛业的商品化生产取得显著成效，为当地农民兴业致富奠定了坚实基础，希望能向同行同仁、同类区域提供一些有用的经验。

太行云牛

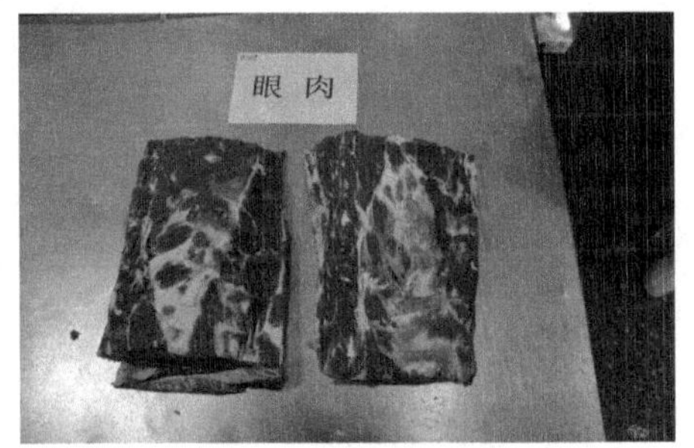

眼肉

第一节 自然地貌

一、地理位置

和顺县位于山西省东部，地理坐标为东经 113°05′~113°56′，北纬 37°03′~37°36′。东临河北省邢台县，西连晋中市榆次区、榆社县，南毗晋中市左权县，北接晋中市昔阳县、寿阳县。距首都北京490公里，距省城太原154公里，距晋中市136公里。全县东西长75公里，南北宽30公里，总面积2 250公里^2（337.5万亩）。

二、行政辖区

和顺县全县有义兴、李阳、松烟、青城、横岭五镇和牛川、平松、喂马、阳光占、马坊五乡共296个行政村。总人口13.7万人，其中农业人口12.6万人。有农村劳动力47 024个，其中男劳力27 000个，女劳力20 024个，具有高中文化程度的12 399人，初中文化教育程度30 588人，小学及小学以下文化程度3 837人。

三、地貌特征

和顺属黄土高原东侧中低山区，境内山多川少，海拔1 070~2 058.5米，素有“八山一水一分田”之称，属山间河谷型中低山地貌。地形中间高周围低，地表水由南北两个方向流出境外。地貌分山地、丘陵、河谷阶地、山间盆地四个类型区。山地面积1 620公里^2（243万亩），占总面积72%；丘陵面积403.3公里^2（60.5万亩），占17.9%；河谷阶地和山间盆地226.7公里^2（34万亩），占10.1%。

四、气候条件

和顺县属于“高寒冷凉”地区。气候特点是季风强，无霜期短，春寒如冬，夏无盛暑，方秋陨霜，入冬霏雪。全县年平均气温6.3℃，1年中1月最冷，日均温-9.2℃，7月最热，日均温19.8℃。无霜期115~125天，初霜期多出现在9月上中旬，终霜期一般在5月中旬结束。全年平均总日照时数为2 634小时。

和顺降水状况：一般年降水量550~600毫米，主要集中在7、8、9三个月，占年降水量的54%。年际间降水悬殊。1963年达1 069毫米，1999年仅

和顺地貌一角

320 毫米。季节间分布为春季 70 毫米，夏季 380 毫米，秋季 130 毫米，冬季 10 多毫米。

五、土壤类型

据全国第二次土壤普查，县域土壤总面积 18. 49 万公顷（277. 35 万亩），占总面积 82. 18%，耕作土壤 2. 16 万公顷。土壤分 3 大类 8 个亚类，25 个属，66 个土种。

1. 褐土

遍布于川谷区的二级阶地和山地，为境内主要土壤类型，约 1 793 万公顷（268. 95 万亩），占土壤总面积的 96. 97%，其中，农田土壤 1. 64 万公顷（24. 6 万亩），占总耕地面积的 77. 73%。褐土垂直分布于山地、丘陵、沟谷，因地形、气候和利用方式变化，土壤内部产生很大差异。

2. 草甸土

分布在河流两岸一级阶地的河滩以及沟谷地下水露头低洼地段，面积 5 568 公顷（8. 35 万亩），占总面积 2. 53%，其中，农田土壤 4 733 公顷（7. 10 万亩），占总耕地面积 22. 4%。草甸土自然植被少，有机质低，分浅色草甸土、盐化草甸土 2 个亚类。

3. 棕壤

是肥沃的林地土壤，也称绿色森林土，主要分布在和顺县最高的阳曲山1 800米以上的土石山地的天然次生林区，面积73公顷（1 095亩），分棕壤和生草棕壤2个亚类。

和顺耕作土壤质地、养分状况如下。

耕地沙壤土和黏质土（重壤）面积占农田面积14. 34%，壤质土（轻壤、中壤）占农田总面积85. 66%。和顺土壤有机质含量较高，速效钾含量丰富，氮和速效磷含量较低，磷比氮更缺。各类土壤养分为川平地大于沟平地和丘陵地，沟谷地大于山坡地，河滩地养分含量最低。

六、土地利用

县域总土地面积22. 5万公顷的利用状况为：耕地2. 16万公顷（32. 4万亩），林地621万公顷（93. 15万亩），牧草地2. 21万公顷（33. 15万亩），城镇村庄及工矿用地0. 28万公顷（4. 35万亩），未利用土地11. 26万公顷（168. 9万亩）。在未利用土地中不能利用的裸岩石砾地为3. 9万公顷（58. 5万亩），能开发利用的荒山草坡面积7. 36万公顷（10. 4万亩）。

七、作物种类

和顺县种植的粮食作物有玉米、谷子、马铃薯、荞麦、莜麦、糜黍、大豆、红小豆、豌豆、蚕豆；经济作物有线麻、葵花（包括油葵）、胡麻、小芥、荏等油料作物，豆角、番茄、黄瓜、青椒、胡芹、茴子白、萝卜、胡萝卜、油菜、芫荽、韭菜、葱等蔬菜作物，柴胡、黄芩、黄芪、木瓜、板蓝根等中药材及苹果、梨等水果经济林。一般年份粮食作物种植26万亩，占总耕地80. 25%，其中玉米10万亩，占总耕地的20. 9%，占粮食面积的38. 5%，谷子、马铃薯、荞麦各4万亩，豆类2. 5万亩，莜麦1. 5万亩，杂粮面积达到16万亩，占总耕地49. 4%，占粮食面积61. 5%。经济作物6. 4万亩，其中，油料2万亩，蔬菜2. 4万亩，水果1万亩，中药材1万亩。

小结：和顺县发展养牛业的比较优势

1. 从和顺的自然条件看，和顺山多坡广，水草丰盛，植被保存较好，发展养牛业有得天独厚的条件，是目前市场经济条件下最具优势、最具潜力、最具市场竞争力的产业。

2. 从养牛产业的发展水平看，自20世纪70年代初期以来，和顺县养牛业积40多年的品种改良优势，培育成了“太行云牛”肉、乳、役兼用的天然绿色品牌，畅销全国13个省市200多个厂家。形成了具有和顺特色的以养牛业为主的农村产业结构，走出了一条农民脱贫致富的路子。

3. 从养牛业在农业中的地位看，养牛业上联种植业，下联加工业，产业关联度高，在大农业的开发格局中能够起到龙头带动作用，在解决农民增收方面有较大潜力。

第二节　太行云牛

一、种源

同世界上其他国家一样，中国也于1912年和1917年分别从欧洲引入西门塔尔牛，20世纪50年代末60年代初以来，又从苏联、前西德、瑞士、奥地利等国多次引入。中国于1981年成立西门塔尔牛育种委员会，建立健全了纯种繁育及杂交改良体系，开展了种群登记和后裔测定工作。这是和顺黄牛改良的基础，成为和顺县黄牛改良的种源。中国西门塔尔牛由于培育地点的生态环境不同，分为平原、草原、山区三个类群，种群规模达100万头。该品种被毛颜色为黄白花或红白花。三个类群牛的体高分别为130.8厘米、128.3厘米和127.5厘米；体长分别为165.7厘米、147.6厘米和143.1厘米。各类群核心群种牛的遗传基础已达到遗传同质化水平。犊牛初生重平均41.6千克，6月龄体重199.4千克，12月龄重324千克，18月龄434千克，24月龄592千克。产奶量平均4 300千克，乳脂率4.0%。屠宰试验结果，屠宰率平均61.4%，净肉率

50.0%，眼肌面积 90.5 厘米^2。早期生长快是该品种的主要特点之一。因此，成为我国牛肉生产的重要利用品种。西门塔尔牛早在 20 世纪初就参与我国三河牛的形成。新中国成立以来，我国从 20 世纪 50 年代有计划地引进西门塔尔牛，经 40 多年的繁育对比，尤其在乳、肉生产性能和役用性能方面，西门塔尔牛在较大范围内有良好表现。

西门塔尔牛的产乳潜力很大。在农区，对乳肉、乳役兼用牛的培育已在山西、浙江等省取得明显效果，其杂交一代饲喂农作物秸秆的情况下，一天可挤乳 3.15 千克。到 1981 年，我国已有该纯种牛 3 000 余头，杂交种 50 余万头。西门塔尔牛改良各地的黄牛，都取得了比较理想的效果。山东省畜牧局牛羊养殖基地试验证明，杂交一代牛的初生重为 33 千克，本地牛仅为 23 千克；平均日增重，杂交牛 6 月龄为 608.09 克，18 月龄为 519.9 克，本地牛相对应为 368.85 克和 343.24 克；6 月龄和 18 月龄体重，杂交种牛分别为 144.28 千克和 317.38 千克，而本地牛相对应为 90.13 千克和 210.75 千克。在产奶性能上，从全国商品牛基地县的统计资料来看，207 天的泌乳量，杂交一代为 1 818 千克，杂交二代为 2 121.5 千克，杂交三代为 2 230.5 千克。

山西省和顺县是全国商品牛基地县、全国黄牛改良示范县、中国西门塔尔牛太行类群选育基地县、国家级秸秆养牛示范县，中国百县畜牧兽医科技示范县、省级人工种草示范县、省级家庭牧场建设示范县。1973 年，在农业部和中国畜牧研究所的大力支持下，引进了多品种的国外牛“冻精”改良本地黄牛，通过精心筛选确定西门塔尔牛为本地当家牛种，历经 30 年培育成了太行山西门塔尔牛繁殖群体。

二、品种特征

“中国西门塔尔和顺牛”（太行云牛）为肉、乳、役三兼用品种。从外貌特征看，额头为白片，全身红白或黄白点均匀，形成了独立的类群。从适应情况看：该类群牛适应性强，善爬坡，耐粗饲，抗病力强。夏秋季节以天然草场放牧为主，野生牧草主要有白羊草、苔草、胡枝子、野豌豆、野苜蓿组成，并

可采食到柴胡、黄芪、防风、甘草、苍术等百余种中草药。冬春补饲农作物秸秆和山草等。

太行云牛母牛

太行云牛在饲喂中，吃的是百样草，喝的是纯净水。由于草质优良，无环境污染，所以生产的牛奶香甜可口，生产的牛肉细嫩味美。体格大、生长快、肌肉多、脂肪少：公牛体高可达150~160厘米，母牛可达135~142厘米。腿部肌肉发达，体躯呈圆筒状、脂肪少。早期生长速度快，并以产肉性能高、胴体瘦肉多而出名。在杂交利用或改良地方品种方面。具有典型的肉用性能：不同品种的牛，在体格、体型方面是不同的，这使牛的生长率、产肉量和胴体组成方面表现出较大差异。西门塔尔牛在育肥期平均日增重1.5~2千克，12月龄的牛可达500~550千克。而地方品种的牛日增重仅有0.7~1千克，可见差距之大。肉的营养价值高：肉牛蛋白质含量高达8%~9.5%，而且人食用后的消化率高达90%以上，牛肉脂肪能提供大量的热能，牛肉的矿物质含量是猪肉的2倍以上，所以牛肉长期以来备受消费者的青睐。目前，和顺牛以体型大、外貌一致、乳肉性能高等优点，远销全国17个省130个市县以及香港地区等，是在山西省培育的继“晋南大黄牛”之后的又一新的优良品种。

太行云牛公牛

三、太行云牛生物学特征

太行云牛具有较强的抗逆性能，在和顺县冬季最低气温-32℃时没有弓背萎缩现象，在夏季最高气温 35℃时没有出现气喘、爬坡困难的现象。在管理上除进行育肥和挤奶加草喂料外，其他和本地牛一样饲喂，均采用夏秋季节放牧当地的“白羊草+苔草+胡枝子+杂草+灌木”的混合型天然草地，在放牧时太行云牛的行动和爬坡以及采食等没有差异。冬春季节补饲玉米秸秆和谷草、杂草等，成年牛日补饲草约 10 千克，耕牛在春秋两季日补玉米或豆类 1 千克左右。近年在育成牛、育肥牛和产奶牛中推广秸秆青贮、氨化等喂牛，收到了良好效果。

四、太行云牛遗传特征

太行云牛显示出肉、乳、役兼用的特征。其头额部呈现白片，我们对 225 头杂交一代的调查看，70%尾稍呈白色，45%四蹄或三蹄呈白色，四肢变粗，尾长，尻部宽平，母牛后躯较发达，体高比本地黄牛增加 10 厘米左右。整个身躯看上去发育匀称紧凑。对于杂交二代，我们调查了 222 头，70%背部呈现白花片，全身毛色呈黄色和枣红色加白斑片，整个身躯发育壮实，显示出乳、

肉、役和肉、乳、役三兼用的生产性能。杂交三代和杂交四代，我们调查了212头，全身45%有白色片的占68%左右，母牛后躯发达，乳房发育良好，乳头粗状，与乳用黑白花牛体型相似。公牛头额方宽，颈部粗壮，胸深，背腰平直。从整个体型外貌看，充分显示出父本的遗传性能，杂交三代以后如果饲养管理正常即可达到稳定的遗传表现。由于太行云牛有适应性强、耐粗饲、抗病力强、肉奶性能好、遗传性能稳定等特点，因而在山区农村粗放的饲养管理条件下，母牛的产奶量比黑白花稳定，而且乳脂率高，产肉量也相当可观，受到当地农民的喜欢。

五、太行云牛综合利用

为了进一步掌握太行云牛乳、肉、役三兼用的生产性能，我们针对其生产情况进行了认真的调查分析，其综合利用的效果如下。

肉用性能：据我们在2村23户进行的育肥试验，杂交二代牛屠宰率比本地牛提高35%。

经过改良后，存栏牛头均产肉量47.9千克，比1973年未改良前存栏牛头均产肉量提高2.2倍，且质量也明显提高。

乳用性能：和顺县利用杂交牛挤奶开始于1981年，通过反复试验论证，杂交牛不仅能挤奶，产奶量稳，乳脂率高，而且经济效益比较可观。

杂交牛的挤奶试验是以舍饲为主加放牧，料奶比为1∶3，基础料为2千克。在挤奶中多数牛未停止使役，从观察可以看出：杂交二代比杂交一代和西杂三代母牛的泌乳期分别高4.2%和5.9%，产奶量分别提高5.9%和2.1%。杂交牛的营养成分是：水分85.67%，干物质14.33%，乳蛋白4.13%，乳脂4.66%，乳糖4.82%。据山西农业大学抽样化验：杂交牛的乳脂率比黑白花提高7.4%，干物质提高8.3%，蛋白质提高7.7%。通过乳、肉综合利用，经济效益明显提高。据调查，杂交牛产奶净收入、产肉净收入与奶肉综合效益分别比本地牛提高206.3%、87.8%和158.2%。

役用性能：在不同的两个乡村进行了测定，杂交牛的挽力普遍比本地牛提高20.8%，而且使役后脉搏和呼吸西杂牛比本地牛提早4分钟左右。

（一）母牛的选择

母牛选择首先要观其外貌，头脑清秀，后躯发达，身躯呈三角形，是典型的母牛体型。其次要对选择的母牛进行精心培育，母牛开始繁殖后要注意生殖器官的检查，及时掌握母牛繁殖能力。

（二）育肥牛的选择

母子牛

从整体上看，不论侧望、上望、前望和后望，体躯应呈明显的矩形或圆桶形，皮薄骨细，全身肌肉丰满，紧凑而匀称。选择育肥前的牛，小牛看身架是否呈长方形，成牛看骨架是否高大，这样育肥的牛才有效益。

（三）牛年龄的鉴别

育肥牛

牛的年龄与体重、生长速度、育肥效果、牛肉品质、牛的繁殖和产奶量等有密切关系，识别牛的口齿在购销牛种起着重要作用。

识别牙齿的口诀是：一岁不扎牙，两岁一对牙，三岁两对牙，四岁三对牙，五岁第一对门齿损，六岁第二对门齿损，七岁第三对门齿损，八岁第四对门齿损，九岁内、外中间齿磨成四方形，十岁中间四陷出现齿星，以后年龄齿星逐年变圆，齿面磨完。

根据外貌鉴别年龄：依据外貌鉴别年龄只是一种辅助手段，因为根据外貌只能识别牛的老幼，而不能判断准确年龄。一般年轻的牛，被毛光润，皮肤柔

润而富有弹性，眼盂饱满，目光明亮，举动活泼有生气。而老年牛皮肤干枯，被毛无光，眼盂凹陷。母牛每分娩一次，角表面即形成一凹轮，所以用角轮数目加2，即约等于牛的实际年龄。加2，是因为母牛大多在2岁后配种生产。但这只是指一般正常情况，若母牛空怀、流产、患病或营养不平衡时，角轮的深浅、宽窄都会不同，而且往往界限不清，每年也不止形成一个，因此，通常只计算大而明显的角轮。

（四）提高母牛繁殖率

1. 牛何时达到性成熟和体成熟？

犊牛生长发育到一定的时候，生殖器官已发育完全，具有繁殖能力，就叫作性成熟。牛的性成熟年龄，因品种、饲养管理、气候条件、营养状况和生长发育情况等而有所不同。一般情况下公牛6~8月龄、母牛8~12月龄达到性成熟。

性成熟时，牛体其他组织器官的生长发育还没有达到成熟阶段，也就是还没有达到体成熟。因此，性成熟的年龄比体成熟的年龄要早，这样小牛仅性成熟时还不能应用于繁殖，一般母牛的初配年龄18~24月龄，其体重达到成年体重的65%~70%为宜，过早会影响本身发育。但也不应过迟，否则会减少母牛一生的产犊头数，有损于生产。

2. 怎样鉴定母牛的发情，母牛的发情周期和发情持续期是多长？

母牛正常的、完整的发情，包括精神状态的变化、交配欲等外部表现，生殖道的变化，卵巢的变化、卵泡形成、排卵等三个方面的生理变化。发情鉴定就是根据这些生理变化而进行的。

母牛发情时表现兴奋不安，对外界环境的变化反应敏感，东张西望，食欲减退或不吃东西，有时鸣叫，追寻公牛，爬跨其他的牛，并接受其他牛的爬跨。当其他的牛爬跨时，母牛两后肢开张，举尾拱背，频频排尿。外阴部肿胀，从阴道流出黏液：发情高潮时黏液量多，稀薄透明；随着发情时间的延长，黏液量逐渐减少，变稠而混浊。此时母牛卧下，黏液沾在尾巴上，使尾巴上沾有许多泥沙。发情末期有时黏液中带有少量血丝，这在青年牛多见。有少数母牛在发情之后，卧地时从阴门流出少量暗红色的液体，称为“牛月经”。

有少数牛发情时没有明显的外部变化，即发情症状不明显，称为“暗发情”或“安静发情”。识别暗发情有以下几种办法：要仔细观察母牛群，因为发情母牛总要出现阴门肿胀，只是每头牛肿胀程度不同，或多或少都要流出黏液，可根据繁殖记录，预测母牛发情；也可用“牛月经”追查暗发情的母牛；在母牛群中放入去势公牛寻找暗发情的母牛等，以防止发生潜漏配。也可采用直肠检查法，暗发情的母牛卵巢上有发育的卵泡。

另外，少数母牛妊娠之后仍有发情的表现，称为“假发情”。牛群中有3%~5%的母牛表现假发情，要注意鉴别，不要发生错配造成流产。鉴别方法：一般假发情的牛，发情症状表现不强烈，持续时间短，阴门肿胀不明显，黏液量不多甚至没有黏液，阴道检查发现其黏膜较干燥，颜色较淡或为苍白色，子宫颈口闭锁，有子宫塞。直检卵巢上没有发育或成熟的卵泡。

母牛外阴部肿胀，有黏液，爬跨其他的牛，并接受其他牛的爬跨，这是母牛发情的明显标志；母牛外阴部肿胀消失，又出现皱纹，由接受爬跨又回到拒绝爬跨，这是发情外部表现结束的标志，两者差别十分明显。技术员应当每天早晚两次深入母牛群中观察，并和输精站配合，做好发情鉴定工作。

（1）母牛发情周期（又叫性周期）

母牛从性成熟到性机能衰退之前，在没有妊娠的情况下都进行着周期性的发情。从每一次发情开始的间隔时间，叫作发情周期。母牛的发情周期平均范围为21~24天，一般青年母牛比经产母牛要短。母牛发情时，身体内部、外部发生系列的生理变化，根据这些变化，发情可分为四个时期。

① 发情前期，母牛卵巢中的黄体开始萎缩，新的卵泡开始发育，生殖器官黏膜上皮细胞增长，纤毛数量增加，生殖腺体活动加强，分泌物增加，但还看不到阴道中黏液排出，还没有性欲表现。

② 发情期，在这个时期，母牛表现出强烈的性兴奋，卵巢中卵泡迅速发育，最后成熟、破裂、排卵。生殖道明显充血，阴唇肿胀，子宫颈口开张，腺体活动增强，从阴道中排出黏液。如果卵子受精，即母牛妊娠后，发情周期就

停止了，直到分娩后重新出现发情周期；若卵子没有受精，就转入发情后期。

③ 发情后期，排卵后卵巢内黄体形成，发情表现消失而恢复原状。

④ 休情期，又叫间情期。从上次发情过后到下一次发情开始之前的一段时间，性器官没有变化，没有性的活动，生理上处于相对的静止状态。

（2）发情持续期（又叫发情期）

从母牛外部有发情表现开始，到外部发情表现结束的这段时间，叫发情持续期。母牛在发情期表现性欲要求和有性行为。母牛的发情持续时间因年龄、营养状况和季节变化等不同而有长短，一般为 18 小时，范围是 6~36 小时。母牛的排卵时间是在发情结束后 12~15 小时。右侧卵巢排卵数比左侧多；夜间，尤其是黎明前排卵数较白天多。

（3）什么是母牛的直肠把握"冷配"输精，其好处是什么？

人工输精

母牛的直肠把握"冷配"输精是指采用直肠把握子宫颈，应用冷冻精液进行母牛人工输精的一种方法。它具有以下优点。

① 输精部位较深，可以确实将精液输入子宫颈深部，精液不易倒流，输精部位确切，达子宫 4~5 厘米。

② 因为输精前先做卵泡发育检查，能够做到适时输精，可提高受胎率。据报道，用直肠把握输精受胎率可比开腔器法高 10%左右。

③ 因为进行直肠检查，可以及时发现已妊娠的假发情母牛，可以防止误配流产；也可以发现母牛生殖器官的异常变化以及有生殖器官病患母牛，以便及时治疗。

④ 节省人力、财力和时间，直肠把握输精操作简便、设备简单，一个人就可以完成输精操作，技术熟练时每头牛输精只需 1 分钟左右。

（4）什么是牛的胚胎移植，供体牛和受体牛有何区别？

胚胎移植也称受精卵移植。是指将一头良种母畜配种后的早期胚胎取出，移植到另一头同种、呈现状态相同的母畜体内，使其继续发育，直到产出后代的技术，也称借腹怀胎。提供胚胎的个体称为供体，接受胚胎的个体称为受体。后代的遗传特性由供体决定，受体只影响它的体质发育。

（5）胚胎移植有哪些优点？

① 充分发挥优秀母牛的繁殖潜力，迅速提高家畜的遗传素质，由于应用超数排卵技术，可使优秀母畜一次排出许多卵，供体母牛的职能变为只生产具有优良遗传物质的胚胎。比自然繁殖情况下多生产几倍到十几倍的后代。

② 加快育种和品种改良步伐，采用冷冻精液改良本地黄牛，需三代、四代改良才能使改良种接近于纯种，需 15~20 年，而采用胚胎移植 1 年就可使本地黄牛繁殖出优良的纯种牛。

③ 代替种畜引进，经济、方便、安全，减少了疫病的发生。

④ 可使母牛产双胎，提高母牛繁殖力。

⑤ 胚胎移植是发展生物技术的重要研究手段，许多生物技术的研究，如体外受精、胚胎分割、细胞融合、基因转移及性别控制等，已成为胚胎移植研究的中心内容之一，这些生物工程研究要达到最后目的都必须通过胚胎移植这个基本手段。

⑥ 可利用低产母牛做受体，产出优质良种后代，大幅度提高养殖经济效益。可利用胚胎保护品种资源，使我们改良的原种永远留存。

6. 牛的胚胎是怎样形成的？

选择性能优良的供体母牛，通过超数排卵，采用优良种公牛精液进行配种后所获得的早期受精卵，即胚胎。

7. 牛的胚胎移植需要做好哪几个方面工作？

（1）受体母牛选定。

（2）落实受体母牛饲养管理措施。

（3）同期发情处理。

（4）怀胎母牛保胎防流措施。

8. 受体母牛的选择标准是什么？

（1）有两个以上正常发情期，无繁殖疾病。

（2）无传染病（特别是布氏杆菌病）。

（3）身体健康，膘情在七成以上，体重达 300 千克以上。

（4）受体母牛年龄为 2~6 岁，胎次在两胎以内，最好选用 18~24 月龄育成母牛。育成母牛无产科疾病，无哺乳和泌乳等因素的影响，有利于着床。

（5）产犊性能和泌乳性能良好。

（6）人工授精两次或胚胎移植两次不孕者不使用。

（7）无流产史，上胎无难产和助产情况。

（8）性情温顺者。

（9）子宫弹性厚薄正常，黄体达到 A 级、B 级。

9. 为什么牛胚胎移植必须搞同期发情处理？

牛同期发情处理可造成供、受体母牛相同的生理环境，为胚胎移植提供必需的胚胎着床条件。另外，胚胎的解冻和移植需要严格的操作要求和必要的设备条件，同一时间需要有一定数量的移植受体母牛才能达到移植操作要求。

10. 母牛前列腺素同期发情处理方法要注意哪些事项？

利用前列腺素处理母牛同期发情的前提是有功能性黄体存在，只有当母牛在发情周期第 5~18 天（有功能性黄体时期）才能产生发情反应。对于周期第 5 天以前的新生黄体前列腺素并无溶解作用，故对无反应少数牛进行二次注射处理。由于前列腺素有溶黄体作用，怀孕母牛注射后会发生流产，故使用前列腺素处理时，必须经检查确认母牛空怀。

11. 妊娠母牛的饲养管理要注意什么？

妊娠母牛保胎防流“六不”经验如下。

“一不混”：不与其他混群放牧，混群饲养，以防打架顶角、挤撞而造成流产。

“二不打”：对怀孕母牛不打冷鞭，不打催情针。

“三不吃”：不吃霜草、不吃冻草、不吃霉烂变质草。

“四不饮”：清晨不饮冷冻水，出汗后不饮急水，冬季不饮冰水，肚饿时不饮空腹水。

“五不赶”：吃饱饮足不要赶，重使役不强赶，天气不好不急赶，路滑不驱赶，快到牛舍不快赶。

“六不用”：刚配完种不使用，临产前不使用，产后不使用，吃饱不使用，过度饥饿不使用，有病不使用。

12. 怎样推算母牛预产期？

母牛妊娠期一般为 285 天，预产期从配种日算起，月减 3，日加 6，即为分娩时间。2014 年 10 月 8 日配种，其计算是 10－3＝7，8+6＝14，其预产时间为 2015 年 7 月 14 日。

六、科学养牛十七问

1. 牛消化系统的构造特点是什么？

口腔：牛没有上切齿和犬齿，牛采食的时候依靠上颌的坚韧肉质齿和下颌的切齿，以唇、舌的协同动作完成采食。

食道：指连接口腔和胃之间的管道，由横纹肌组成。

胃：牛属反刍动物，牛胃由 4 个胃室组成，即瘤胃、网胃（又称蜂巢胃或第二胃）、瓣胃（也称第三胃）和皱胃（又称真胃或第四胃），其前三胃又称前胃，瘤胃、网胃又称反刍胃。

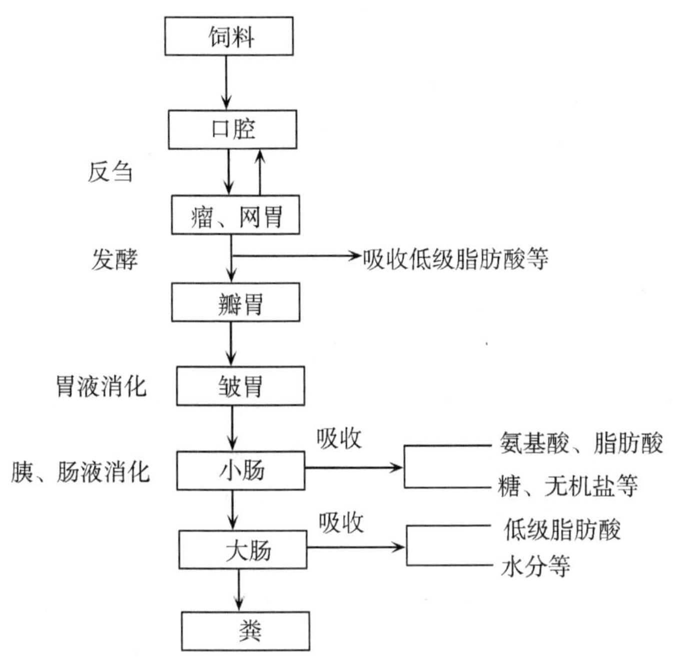

牛消化过程示意图

肠道：牛的肠道很发达，成年牛的消化道长度平均 56 米，其中小肠 40 米，大肠 10~11 米。犊牛刚出生时，肠道占消化道的比例达 70%~80%，此时小肠在营养消化中起着极其重要的作用。

牛的消化特点：瘤胃含有大量的细菌和纤毛虫，据研究达 60 多种，形成反刍消化的特点。牛瘤胃可以对碳水化合物发酵，所以需青粗饲料搭配，对蛋白质发酵，所以能饲用非蛋白质，如尿素等。

2. 牛的采食特点是什么？

牛采食速度快，匆忙，不细致，食物不经充分咀嚼，而只是将其与唾液混合成大小和密度适宜的食团后便匆匆咽下，经过一段时间后，吃过的食物又被重新逆呕回口腔进行细嚼这就是反刍，也是牛的采食特点。

3. 为什么犊牛要适时断奶？

犊牛 2~3 月龄断奶时已基本习惯采食干草和精料日粮，所以要以精、粗料

1∶1 比例饲喂。4 月龄后逐步增加粗料到 9 月龄精料不超粗料 1/3。对于犊牛过多过长的哺乳，过高的营养水平和过量的采食，虽然可使犊牛增重较快，但对牛的消化器官、内脏器官以及繁殖性能都有不利影响，而且还影响牛的体型及成年后的生产性能。犊牛长期哺乳导致内分泌促乳素增多，抑制雌激素排放，影响牛的发情，所以我们提倡犊牛 3~6 月龄断奶，这样才能达到母牛一年一胎。

4. 为什么冬季要给牛饮用温水？

高寒山区冬春季气候寒冷，水温较低是造成牛饮水不足的主要原因。牛饮水不足会使健康受到损害，犊牛生长受阻，母牛泌乳量下降，发情推迟或不发情，育肥牛生长缓慢。妊娠母牛饮用冰碴水会造成流产。采取冬春饮温水（18~22℃）是牛充足饮水的关键措施之一，是保障牛安全越冬的一项有效措施。

5. 为什么要给牛饲喂食盐？

牛喂食盐能够改善饲料味道，增强适口性，促进食欲，起调味作用。然而更重要的是补充钠和氯两种元素。钠广泛分布于体内，维持体内水、电解质及酸碱平衡，并维持细胞内外液渗透压，使牛既不会“干瘪”，也不会“水肿”；钠还调节着心脏的正常生理活动。氯除了维持水、电解质及酸碱平衡外，还能形成胃酸，胃酸能促进食欲，增强消化，提高蛋白质、糖类、脂肪的利用率。但是，植物性饲料中钠和氯的含量很少，需要通过喂食盐来补充。每天每 100 千克体重牛需盐 10 克，盐砖补盐最好，微量元素多，而且剂量好掌握。

如果在牛的日粮中补盐不足，则牛的食欲就会降低，生长缓慢，产乳量和乳脂率都要降低，出现喝尿的异食癖。

6. 为什么要夏季早放牧？

夏季生长旺盛的牧草由于昼夜温差，牧草叶面附着大量露水，露水中含有丰富的氮，牛采食后，露水中的氮在瘤胃中可转化为菌体蛋白质。夏季放牧早出牧既可延长牛采食时间，又可食入露水营养草，有利于增膘。

7. 为什么冬季要推广舍饲养牛？

霜冻季节也就是进入枯草季，常规的放牧饲养使牛喝的是冰冷水，吃的是

营养缺乏的枯萎草，忍受寒风袭击和过度运动，可谓饥寒交迫，从而造成牛普遍掉膘，抗病力降低，怀胎牛甚至流产。推广舍饲养牛，便于科学饲养管理，可保障牛寒冷季节正常生产。舍饲养牛可保证牛充足的光照、适当的运动，易于推广饮温水、饲喂配合饲料，饲喂科学加工的青贮、微贮饲草，利于繁殖育肥生产。

8. 为什么要饲喂牛配合料？

给牛喂配合饲料是保障牛正常生长发育及充分发挥其生产性能的有效措施之一。配合饲料具有下列优点。

（1）配合饲料是根据家畜的营养需要，制定营养平衡的日粮配方，应用最新科学成果，使饲料的利用效率得以大大提高，达到节省饲料消耗的目的。

（2）配合饲料以粮食为主要原料和各种加工副产品原料以及矿物质、微量元素、维生素和合成氨基酸以及一些非营养性的添加物等，按畜禽要求，进行科学配制而成，这样可以经济合理地利用饲料资源，综合应用工业副产品。

（3）把百万分之一计量的微量成分利用强力搅拌机混合均匀，从而饲用安全，可防止营养不足、缺乏或过食中毒等。

（4）可以节省饲料，提高饲料的转化利用率。

9. 如何培育母牛？

培育一头优质高产的母牛，必须从培育犊牛抓起。犊牛一般是指 6 月龄以内的小牛。1 个月以内的犊牛主要以母牛的奶为营养来源，犊牛从 15~20 日龄开始学吃草料，以后随着瘤胃、网胃和瓣胃的迅速发育，消化功能逐渐完善，采食的饲草料日渐增加，从消化饲草饲料中获得的营养物质也日渐增加。到 3 个月龄时，小牛 4 个胃的比例已接近成年的规模，从采食草料中所消化吸收的营养开始超过所吃奶中的营养。到 5 个月龄时，从奶中得到的营养已为次要，而以采食草料为主。3~5 月龄犊牛每天给混合精料 2.5 千克左右，犊牛从每天的饲料中能摄取到粗蛋白质 300~400 克，青贮料和干草的喂量不限制。6 月龄以后犊牛每天喂给混合料 2 千克，豆饼 0.2 千克，青贮 10~12 千克，干草量不限制，且喂些优质干草。

育成母牛从年龄上讲是从断奶后到第一次产犊牛前的牛，即从6月龄到两岁半的牛，也有再把育成母牛分为两个阶段，即从断奶后到配种年龄称育成牛，从配种怀孕到产犊前称青年牛。从犊牛转变成育成牛，最大的变化是由一半依靠吃牛奶为主到完全依靠采食饲料为生，管理条件也由精细型向较粗放型过渡，犊牛已完全独立生活。这个转变时期对育成母牛是很重要的，不仅影响牛的生长发育、第一次发情配种的时间，也影响到以后的产奶量。由犊牛向育成母牛过渡中，饲料的变化是最突出的，在饲料给量上，给多给少都不好。给多了容易造成牛的肥胖而影响发情，也造成饲料的浪费；饲料给少了则影响生长发育，到发情年龄不能正常而规律的发情。有经验的饲养员把过渡期的变化尽量减到最小限度，如奶量慢慢减少，喂一些适口性好、犊牛愿意吃的饲料，混合精料的蛋白质含量稍高一些，使犊牛慢慢地适应新的环境。

18月龄育成牛开始是第一次配种年龄，不能错过配种期，错过这次配种期会影响母牛一生的产犊数和终生产奶量。在18月龄前要进行体内外寄生虫的驱除工作，适遇夏季时要做好防暑工作。母牛第一次妊娠到临产前两个月，要经常清洗乳房，不能用手挤压乳头，以防止乳头炎的发生，防止有偷奶小犊牛的干扰。要适量运动，有条件时，可以放牧育成母牛，既可适量的运动，又有利于产犊和产奶。要坚持防疫，坚持防重于治的方针，防疫保健措施常年抓紧不松懈，这也是获得健康育成母牛不可缺少的。

成年母牛一般是指2.5周岁以上的母牛，它们是养牛生产中承上启下的力量。所以，在饲养管理上应使其保持中等膘情，日粮营养不可过低或过高。过低母牛瘦；过高母牛过肥，都会影响其健康，造成不发情或不易受胎和难产。

10. 如何育肥肉牛？

育肥牛成功的主要因素包括，对育肥牛本身性状的选择，如购进牛的年龄、品种、产地等；对饲养条件及配合饲喂技术的应用程度：对育肥期饲养管理的技术应用。另外，育肥牛的市场销售渠道、经营者的决策水平，是保证肉牛育肥获得最佳效益的关键因素。育肥牛的技术运行路线为：选牛（购牛）—运输—牛舍观察（15天）—驱虫—制定饲料配方—科学饲养（合理搭配饲草

饲料，定时、定量、定标准饲喂）—测定日增重—适时出售。

11. 肉牛育肥前需做哪些准备工作？

（1）健康检查：对老弱病残牛或患严重疾病根本无肥育价值的牛，应立即淘汰，免得浪费饲料得不偿失。

（2）分组、编号：可肥育的牛，按品种、性别、年龄、体重及营养水平等，分成若干小组，建立肥育牛联名簿。对每个牛重新登记编号，详细记载开始肥育日期、体重、拟定的饲养方式和日粮组成等。

（3）对肥育牛群进行体内外寄生虫驱除灭病，提高饲料利用率，增加经济效益。

（4）牛舍的准备：牛舍力求干燥、保温，下水道畅通无阻，以避免舍内湿度过大。立冬以前舍外夹好防风障。冬季牛舍温度应保持在6~8℃及以上，以减少体内热能损失。夏季牛舍应通风良好，空气新鲜，做好防暑降温，舍内温度不宜超过20℃以上。舍温过高，食欲不振，影响肥育效果。

（5）准备好饲料：“肥（育）牛先抓料，愈抓愈有效”，按肥育方式和肥育日期，准备好各种饲料。若放牧肥育，首先检查草质，清除毒草，估测草的产量，划区轮牧。

（6）牛体称重：一般肥育全程为90天，分为3期，每期30天，每期肥育完了，都要进行称重，以便计算个体增重。结合国内外本品种肥育成绩，进一步调整、修订肥育方案。有的国家肥育期80天，第一期15天，第二期35天，第三期30天，随着肥育技术的提高，肥育期有相应缩短趋势。

12. 什么是肉牛放牧育肥法？

和顺县有丰富的牧草资源，是肥育牛的重要基地。要根据草场具体情况确定肥育的幼牛，其体重不得少于120千克。若体重过小，育肥结束达不到屠宰体重。为了充分利用草场，将草地按牛群分为大区，每群一个大区。每个大区再分成6~7个小区，每小区放牧5~6天，每小区在放牧全期可轮放3~4遍。在整个放牧肥育期内，每头幼牛需放牧地23~30亩，成年牛则需38~60亩。

放牧季节，从5月上、中旬开始，到10月中、下旬结束，全期150~165

山坡放牧牛群

天。放牧肥育的持续时间，幼牛需120~160天，成牛需100~120天。当牧草不充足时，应及时补饲青刈饲料、青贮饲料或干草。每天给盐50克，每天饮水4次，水质要清洁。每天放牧时间不得少于12小时。在整个放牧肥育期内，一般日增重0.7~1千克；高者可达1.2~1.5千克。幼牛在肥育期内可增重100~130千克及以上，成年牛为80~110千克。

盛夏季节，放牧应躲过烈日和蚊虻侵扰的时间，上午早出早归，下午要晚出晚归。中午天热赶到棚下休息。为了保夏膘抢秋膘，每天昼夜延长牛的采草时间，最好进行夜牧。

13. 什么是肉牛围栏育肥法?

围栏肥育适合于规模化肥育场（养牛大户、专业架子牛育肥场等），可以用有天棚舍饲围栏育肥，也可以无天棚露天舍饲围栏肥育。

（1）无天棚露天舍饲围栏肥育

和顺县土地较多，气候较干燥，可以设计无天棚露天舍饲围栏肥育牛场。每个围栏面积可大可小，大的可达3 000米^2，养牛200头；小的150米^2，养牛10头。不论围栏面积大小，每头牛占有围栏面积应为12~15米^2。无天棚露天

舍饲围栏肥育饲养场的地面多数为草地，草地有坡度10°左右为好。无天棚露天舍饲围栏肥育牛场的最大优势是投资少。

（2）有天棚舍饲围栏肥育

有天棚舍饲围栏肥育饲养的每个围栏面积为40~60米^2，养牛10~15头，每头牛占有围栏面积4~5米^2。

在总面积相同时，养牛数量越多，每头牛每天的费用就越低。

围栏肥育时饲养密度（每头牛占有的围栏面积）是否会引发肥育牛患病？饲养密度稍大的，牛的淘汰率不一定是最高的。在有天棚围栏饲养条件下，每头肥育牛占地5米^{2}左右是可行的。

有天棚舍饲围栏肥育饲养场的地面，有的为经过硬化处理的土地，有的为水泥地面，也有的为砖块地面，地面必须有坡度（1°以上）。

无论无天棚露天舍饲围栏肥育，还是有天棚舍饲围栏肥育，肥育牛应在24小时内可以任意采食饲料，任意饮水。

14. 什么是肉牛拴系育肥法？

拴系肥育时，每头肥育牛的牛头上拴一根2米左右长的绳子，喂饲料时将牛拴在牛围栏的柱子上。饮水槽的设置有的与饲料槽合二为一，有的单独设饮水槽。在前一种情况下喂完饲料后即时给以饮水；在后一种情况下，喂完饲料后，由饲养员牵牛饮水，饮水毕，将牛拴系在肥育牛休息地。拴系肥育时，肥育牛每日喂饲料2次，饮水2次。拴系肥育方法基本上是一种限制肥育牛的采食和饮水的养牛方式。

拴系肥育时的牛舍牛栏设计，建议采用“两上两下”或“三上三下”的方式。

（1）两上两下方式。将肥育牛分成两部分，第一部分牛拴系在食槽边采食饲料，第二部分牛拴系在水槽边饮水（有条件时可以铺设自动饮水器）；待第一部分牛采食结束后（肥育牛采食饲料的时间不少于2小时）和第二部分牛交换，第一部分牛饮水，第二部分牛采食饲料。这种饲养模式设计的优点是食槽、水槽的利用率提高了1倍，在同样大小的牛舍牛栏面积上，牛的饲养量增

育肥牛圈舍

加了1倍。

（2）三上三下方式。将肥育牛分成三部分。第一部分牛拴系在食槽边采食饲料，第二、第三部分牛拴系在水槽边饮水；第一部分牛采食结束后（肥育牛每次采食饲料的时间不少于2小时）与第二部分牛交换，第一、第三部分牛饮水，第二部分牛采食；第二部分牛采食结束后与第三部分牛交换，第一、第二部分牛饮水，第三部分牛采食。这种饲养模式优点是食槽、水槽的利用率提高了3倍，在同样大小的牛舍牛栏面积上牛的饲养量增加了3倍。

15. 什么是肉牛持续育肥法？

指在育肥的全过程中保持始终一致的较高营养水平，直到肉牛出栏。采用这种方法育肥牛的年龄为10月龄以上饲料利用率高，育肥效果好。

16. 什么是肉牛短期育肥法？

又称强度育肥，架子牛育肥，育肥牛开始体重一般在350千克左右，育肥期3~6个月，要求为高营养育肥。

17. 育肥肉牛的最佳时期是何时？

据科研部门试验，选择育肥牛应在24月龄以内，在相同条件下育肥，达

到相同的体重时，24 月龄牛需 5~6 个月，12 月龄牛需 8~9 个月，6 月龄牛需 10~12 个月。在这样的年龄中，牛的采食量大，育肥时间短，育肥质量高，能获得较为满意的效果。

育肥牛测重、估重方法（据农业部“丰收计划”测算公式）：

$W=2L+3.5C-537$

式中：W 表示体重（千克）

L 表示体长（厘米）

C 表示胸围（厘米）

2 和 3.5 为单相关系数

537 为常数。

七、牧草种植与加工

（一）牧草种植

1. 如何选择优良牧草品种？

优良的牧草品种选择，首先要选择试验地对引进品种进行小面积的试验，看是否适应本地土壤、温度、环境等，其重点是看对本地气候条件的越冬性能，其次是看其草质的利用价值。目前，我们推荐全县种植的优良牧草有两大类，一类是豆科类：苜蓿、红豆草、沙打旺等；另一类是禾本科类：无芒雀麦、苇状羊茅、沙生冰草等。

2. 怎样平整种植牧草的耕地？

牧草种子籽粒小，出苗时顶土力差，播种之前土地必须平整，以彻底清除杂草根。整地得好坏，直接影响出苗率和整齐度。新开垦的荒地要先秋翻、深耕、根除杂草，春季再耙压，使耕地平整无坷垃。整地质量与耕层土壤水分有密切关系，所以要适时掌握耕地时的墒情，这样就能在耕后耙碎土块，整平地面，达到播种要求。

3. 怎样种植牧草？

牧草不同于野草，牧草种植有一套科学的栽培技术。种粮为了收获籽实，种草则为了利用鲜草，所以和农作物种植相比，既有很多共同点，也有很多不同点。牧草的抗逆性较强，管理相对省时、省工、省事，但多数牧草种子较小，对播种的要求较高，如果种植不精细，很难保证苗齐苗壮。因此，牧草的播种要比种粮更为精细，在平田整地、土壤墒情、播种深度上要求更严。具体播种要求是：要求行距60厘米，播深2~3厘米。播种时间：一是早春播种，二是6—7月雨季播种，三是立冬后播种，播种后严禁牛羊践踏。

苜蓿

4. 怎样管理人工草地

（1）搞好牧草当年或第一年的田间管理

在种好的基础上，为了确保全苗，促进牧草生长良好，在播种的当年或第一年，需进行如下的作业：① 破除土壤板结；② 查苗补种；③ 除草防虫：④ 保护作物的收割（在即将越冬时，应留茬10厘米以上）。

（2）搞好牧草的越冬管理

多年生牧草在冬季严寒时，常易遭冻害，因此，应注意做好以下几点：① 冬前适期收割：② 创造条件追施磷、钾肥，中耕保墒：③ 在冬季很冷的地方，入冬前还可以进行培土，使根茎受到更好保护，利于安全越冬。

（3）搞好牧草生长季节的田间管理

牧草在生长季节中，自春至秋通常要收割数次。所以，应采取必要的措施促进有利因素和控制不利因素：① 耕地保墒与追肥；② 中耕锄草；③ 防治

害虫。

（二）牧草收获与加工

1. 怎样收获加工牧草，收获后如何进行田间管理？

（1）收获与田间管理

夏、秋牧草盛期，将牧草刈割后，通过加工、调制、贮藏，是解决阴雨天和冬春缺草的主要途径。牧草的加工利用主要包括干草的生产、草制品的加工、干草的贮存和牧草的青贮四个方面。干草晒制，禾本科牧草应在抽穗初花期刈割，豆科牧草应在蓓蕾期刈割。收获牧草的留茬在3~5厘米为宜。最后一次留茬在10厘米以上。干燥的方法有：自然干燥和人工干燥两大类，牧草加工可制作草捆、草粉、草饼、草块。牧草的青贮可以最大限度地保持牧草的营养特性，并且能够较长时间贮存，是目前畜牧业最常用的方法之一，其关键技术是铡碎、压实、密封。

（2）收获后的田间管理

牧草在每次刈割后最好浇水一次并且进行一次追肥，以使根部留有足够的营养以利于牧草再生和次年的早返青。

2. 牧草加工

（1）推广种植青玉米

推广种植青玉米有利于种植业结构的调整，促进种植业模式向多元化、经济型的高效农牧业方向转变，能够增加青绿秸秆产量。通过养畜，提高秸秆利用价值，增加养殖业的经济效益，有利于秸秆青贮的推广应用，实现农作物秸秆的高效利用，提升养殖业的科学饲管水平。青玉米较传统粮食玉米具有适应性强、栽培技术简易、高营养、高产量，适宜各类畜禽食用等特点，易于推广种植。

（2）怎样建造青贮、氨化、EM发酵池，如何计算贮存容量？

① 地点的选择：要求土质坚硬，干燥向阳，排水容易和地下水位低，距畜舍近，操作及取用方便。

② 贮草池的建筑要求：各种形式的贮草池材料，要求用砖或水泥，也可用

石块砌成。各种建筑物应结实坚固，经久耐用，不透气，不漏水，内壁应垂直光滑，便于压紧。其大小应根据原料和牲畜的多少，以及地区条件等因素而定。深度首先应考虑地下水位，水位过高的地区，不宜过深，其次要取用方便。贮草壕的宽度上口为5~6米，下口4.5~5.5米，高度2~2.5米，以方便取用为宜，过宽则接触空气面积大；长度可根据地形和原料的数量而定。要求角、边要砌成半圆形，窖壁要有一定斜度，上宽下窄，以15°左右为宜，出入口要成梯度形。

③ 如何计算贮存容量？

全株青贮每立方米500~530千克。

去穗青贮每立方米450~500千克。

人工和野生牧草青贮每立方米530~600千克。

方程式：

圆筒形窖

贮存容量=半径2×3.14×深度×每立方米青贮量

长方形窖

贮存容量=长度×深度×宽度×每立方米青贮量

梯形窖（宽度取中腰部）

贮存容量=（上底+下底）×高÷2×每立方米青贮量

已知宽度和需求量，求窖长？

公式：容长=青贮需要量÷（容宽×窖深×每立方米青贮量）

例：容长=25 000÷（2.5×2.0×550）= 9.19（米）

即5头牛每年需25吨青贮料，有9米长的窖即可（每头牛每年需500千克青贮料）。

（3）如何进行秸秆青贮？

青贮是饲草通过密封贮藏，利用乳酸菌的厌氧发酵，使贮藏窖内的pH值降到4.0左右，抑制了大部分微生物的活动，而乳酸菌本身亦由于乳酸的不断积累，最后被自身产生的乳酸所控制而停止生长，从而达到饲草长期保存的

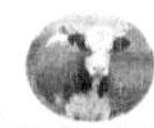

青贮的制作

目的。

① 青贮的原料。和顺县可做青贮的原料较多。原料应选择含糖量丰富的青绿植物，如青玉米、甜高粱、青莜麦等这些质量较好的禾本科牧草都是青贮的好原料。不论什么作物做青贮原料，一般都应在乳熟后期至蜡熟前期进行收割贮藏。

② 青贮的方法。青贮时主要把握“切碎、快装、压实、封严”四个重要环节。青贮时秸秆要切碎成2~3厘米的小段，将切碎的秸秆叶、茎混匀，含水量调整为70%~75%，贮入窖内。每贮30厘米厚压实一次，做到层层压实。贮料最后要高出窖口40~50厘米。然后封口，盖上两层塑料薄膜，再盖1~2层草包片、草席等物，最后覆盖30~40厘米厚的土。窖顶呈馒头形，以免雨水流入窖内。制作青贮是一项时间性很强的工作，要求收割、运转、切短、装窖、踏实、封窖等操作连续作业，一次完成。

（4）如何进行秸秆氨化？

秸秆氨化是采用氨水、碳氨对枯黄的玉米秸等多纤维饲料进行软化、加工的一种手段。其制作方法如下。

① 无水氨化：将切碎的秸秆调整含水量为30%~50%堆垛。四周覆盖0.1毫米的聚乙烯塑料布，封严之后打开一个小口注入氨1.5%~2%。

② 尿素、碳氨氨化秸秆：每切碎500~1 000千克秸秆加入尿素0.5%~0.7%（碳氨1.0%~1.5%），用水量可根据秸秆含水量调整到40%~50%，之后以青贮的方式贮入窖内，密封保存。

具体方法是：将尿素或碳氨按要求比例溶于水中，均匀地喷洒在切碎的玉米秸秆上搅拌均匀，而秸秆的水分一定要达到40%~50%，之后按青贮的方法贮入窖内，做到"快装、压实、封严"，一般贮后30天就可开窖饲喂。

饲喂氨化秸秆时，除按青贮喂量和要求进行外，必须在饲喂前至少排氨2~3小时。

（5）如何进行EM发酵秸秆？

① 首先将营养糖液10毫升倒入500毫升温水中充分溶解，再将溶解后营养糖液倒入装有25千克30℃的水容器中，将2千克（2 000毫升）的EM原液倒入溶器中搅拌，待糖类和菌类混匀后，加盖保温静置2~3小时增活。另外，在1 200千克水中加2.5千克食盐搅拌使其彻底溶解，最后将增活后的菌液倒入1 200千克水中搅拌备用。稀释后的菌液必须在当天用完。

② 将100千克的秸秆切成3~5厘米长备用。

③ 在容底（池底）铺放20~30厘米厚的切碎秸秆，均匀喷菌液，并按1%的量撒入玉米面，搅拌并压实秸秆再加入20~30厘米厚的秸秆，喷洒菌液并撒入玉米面，搅拌压实秸秆，直至使装料高出窖口40厘米，最后封窖。分层压实的目的是排出秸秆中的空气，为EM有效微生物群的繁殖造成厌氧条件。

④ 在秸秆分层压实直到高出窖口30~40厘米，再作最后加力压实，上面均匀撒上食盐粉，压实后再盖上塑料薄膜（食盐用量为每平方米100~150克，以防上层秸秆发霉变质），薄膜上面加20厘米厚的秸秆，再覆盖上15~20厘米厚的土，严封窖顶。

（三）秸秆贮存的好处

1. 青贮饲料的好处

① 可保存青绿饲料中极大部分的营养。由于调制过程不受天气影响，养分损失少，一般情况下干物质损失仅为10%~15%，可消化粗蛋白质的损失为5%~12%，胡萝卜素的保存率比其他任何调制方法都高。

② 可以延长青饲季节。可以在非青饲季节能使用与青饲料相似的青贮料，可弥补青饲料在利用时间上的缺陷，有利于营养物质的均衡供应。

③ 适口性好，易消化。青贮料不仅营养丰富，而且在青贮过程中产生大量乳酸，气味芳香，柔软多汁，适口性好，各种家畜都喜食。而且具有刺激家畜消化腺分泌的作用，提高饲料的消化率。

④ 调制方便，耐久藏。青贮料调制方便，一次贮备，长久利用，当年用不完，只要不漏气，可以长期保存。

⑤ 可以扩大饲料资源。有些植物青饲时有怪味，家畜不喜食，饲料利用率很低。但经青贮以后，气味改善，柔软多汁，提高了适口性，减少了废弃部分；有些农副产品，收获季节很集中，收获量又很大，一时用不完，又不能直接存放或因天气限制，不能晒干，这时就可将其调制成青贮料，常年利用；如及时切碎，添加适量干草粉进行青贮，既可防止腐烂，又不愁天暖发芽消耗养分。

2. 氨化秸秆好处

① 消化率提高10~15个百分点。

② 秸秆粗蛋白质含量提高1.5倍。通常秸秆的粗蛋白质含量为3%~5%。而氨化后可达8%~10%。单用氨化秸秆喂牛，过冬不仅不会掉膘，而且还会增重15~20千克。

③ 适口性增强，采食量增加。

④ 提高育肥效果。据试验，4吨氨化饲料相当于1吨精饲料。单用氨化饲料喂阉牛或小牛，日增重可达300~400克：每日加喂精料250克，日增重可达434克；加喂精料1.5~2千克，可达800克；加喂增重添加剂，可达1千克。

3. EM 发酵的好处

① 成本低、效益高。每吨秸秆制成发酵饲料只需用 1 千克秸秆 EM 发酵。

② 提高消化率。秸秆在发酵过程中，由于高效复合菌的作用，木质纤维素类物质大幅度降解，并转化为乳酸和挥发性脂肪酸，加之所含酶和其他生物活性物质的作用，提高了牛羊瘤胃微生物区系的纤维素酶和解脂酶的活性。

③ 提高适口性和采食量。秸秆经发酵处理，可使粗硬秸变软，具有酸香味，刺激了家畜的食欲，从而提高了采食量。牛对秸秆发酵饲料的采食速度可提高 40%~43%，采食量增加 20%~40%。

④ 秸秆来源广泛。黄干玉米秸秆、土豆秧、青玉米秸秆、树叶、无毒野草等，都可用秸秆发酵方式制成优质饲料。

⑤ 秸秆发酵饲料制作季节长。与农业不争劳力，不误农时，秸秆发酵温度为 10~40℃，加之无论青的或干的秸秆都能发酵。因此在和顺县除冬季外，春夏秋三季都可制作发酵秸秆饲料。

⑥ 保存期长。秸秆发酵有机酸在秸秆中生长迅速，成酸作用强。由于挥发性脂肪酸中丙酸与醋酸未离解分子的强力抑菌作用，发酵饲料不易发霉腐败，从而能长期保存。

⑦ 秸秆发酵饲料制作技术简便，与传统青贮相似，易学易懂，容易普及推广。

（四）贮存饲草的优劣如何鉴别？

贮存秸秆质量鉴别的方法要注意“一看、二嗅、三手感”。优质的贮藏饲草开窖取出后，颜色为绿色（青贮）或黄绿色（黄贮），具有酒香味或苹果香味，质地柔软而湿润。

八、合理搭配饲草料

（一）牛饲料分为哪几类

1. 青饲料

青饲料是天然水分含量较大的植物性饲料，以其富含叶绿素而得名。青饲

料能较好地被家畜利用，其重要性甚至大于精、粗饲料。

（1）青饲料的营养特点

① 蛋白质含量丰富。青饲料含有丰富的蛋白质，作为肉牛的基础日粮能满足各种生理状态下肉牛对蛋白质的相对需要量。不仅如此，由于青饲料都是植物的营养器官，其中所含的氨基酸组成也优于禾本科籽实，尤其是赖氨酸、色氨酸等含量更高。因此，青饲料的蛋白质生物学价值较高，一般为70%~80%，远远高于其他植物饲料。

② 富含多种维生素。青饲料富含多种维生素，包括B族维生素以及维生素C、维生素E、维生素K等，特别是胡萝卜素，每千克青饲料中含有50~80毫克胡萝卜素，是各种维生素廉价的来源。如日粮中经常保证有一定的青饲料，则基本上能满足肉牛维生素的营养需要（但青饲料不含维生素D，需要从其他饲料中补充）。

③ 适口性好。青饲料柔软多汁，纤维素含量较低，适口性好，能刺激肉牛的采食量，而且由于其营养均衡，日粮中含有一定的青饲料还能提高整个日粮的利用率。

④ 体积大，水分含量高。新鲜青饲料水分含量一般在75%~90%。一方面它是肉牛摄入水分的主要途径之一，另一方面也反映了青饲料的营养浓度较低，特别是消化能每千克鲜重仅含1 250~2 500千焦。因此，仅以青饲料满足肉牛所有的营养是不够的。

（2）青饲料的种类

① 牧草。牧草大体上分为天然牧草和人工栽培牧草两大类。天然牧草是和顺县养牛的重要饲草资源。这类牧草以禾本科、豆科、菊科、莎草科、藜科等分布最广，利用最多。其干物质中以无氮浸出物含量最高，占40%~50%；粗纤维25%~30%；粗蛋白质10%~15%；除维生素D外，其他维生素含量丰富；矿物质中钙的含量一般比磷高，但钙磷比例适度。

人工栽培牧草多以禾本科和豆科牧草为主，栽培的主要品种有苜蓿、沙打旺、红豆草等。栽培牧草除部分鲜饲外，多制成干草或加工成草粉，以供冬季饲草缺乏时调剂使用。

② 青绿饲料，是人工播种的专供家畜饲用的青饲作物。常用的几种青绿饲料作物有青饲玉米、青饲高粱、青莜麦。

③ 其他青绿饲料。包括树叶嫩枝类（槐叶、榆叶等）、菜叶根茎类（胡萝卜、白萝卜等）、藤蔓类（豆秧、马铃薯藤等），等等。

和顺种植的青饲料

2. 粗饲料

在肉牛饲养业中，一般将粗纤维含量较高的干草类、农副产品类（包括收获后的农作秸、荚、壳、藤、蔓、秧）、干老树叶类统称为粗饲料。

（1）粗饲料的特点

① 来源广，成本低。粗饲料是肉牛最主要、最廉价的饲料。

② 营养价值低。粗饲料的营养含量一般较低，品质较差。以粗蛋白质含量比较，豆科干草优于禾本科干草，干草优于农作物副产品。

③ 粗纤维含量高，适口性差，消化率低。粗饲料容积较大，质地粗硬，对家畜肠胃有一定的刺激作用，对肉牛而言，这种刺激有利于其正常反刍，是饲养过程中不可缺少的一类饲料。

（2）粗饲料的种类

① 青干草。以细茎的牧草、野草或其他植物为原料，在结籽前刈割其地上部分，经自然晒制或人工烘烤蒸发其大部分水分，干燥到能长期贮存的程度，即称为干草。这类饲料品种较多，各类青绿饲料均可调制。

② 秸秆饲料。指各种农作物在收获籽实后的秸秆用作饲料，包括茎秆与叶

片两部分。其叶片含营养成分较高，故叶片损失越少，其相对营养价值越高。

③ 秕壳饲料。是农作物在收获脱粒时的副产品，包括种子的颖壳、颖皮及外皮等物，如米糠、豆荚等。

④ 树叶类。春夏季的树叶嫩枝水分含量较高，粗纤维含量较低，因而可划归青绿饲料类；而秋季的落叶则粗纤维含量增高，水分含量下降，应当列为粗饲料之列。

3. 粗蛋白质

粗蛋白质是含氮物质的总称，包括蛋白质和含氮物（氨化物）。蛋白质是由许多种氨基酸组成的，是构成细胞、血液、骨骼、肌肉、抗体、激素、酶、乳、毛及各种器官组织的主要成分，对生长、发育、繁殖及各种器官的修补都是必需的，是生命活动必需的基础养分，它是其他养分不能代替的。因此，在饲养中，蛋白质应保证供给，特别是处在生长期的幼牛和产奶母牛更应充分满足。

各种饲料蛋白质含量及品质差异较大。一般动物性饲料含量高、品质好，植物性饲料含量低、品质差。在植物性饲料中，油饼类饲料及豆科植物含蛋白质较多，禾本科植物含蛋白质较少，秸秆类饲料含量品质就更差。

4. 饲料添加剂

饲料添加剂是指配合饲料中加入的各种微量成分，包括合成氨基酸、维生素制剂、微量元素、抗生素、酶制剂、激素、抗氧化剂、驱虫药物、防霉剂及着色剂等。

（1）营养性添加剂

① 维生素添加剂。常用的有维生素 A、维生素 D、维生素 E、维生素 K、B 族维生素及氯化胆碱等。对肉牛来说，由于瘤胃微生物能够合成大多数 B 族维生素，如饲料供应平衡，一般不会发生此类维生素缺乏症。但维生素 A、维生素 D、维生素 E、维生素 K 等脂溶性维生素应另外补充。

② 微量元素添加剂。家畜常常容易缺乏的微量元素有铜、锌、锰、钴、碘、硒等。一般制成复合添加剂进行添加。

③ 氨基酸添加剂。一般是植物性饲料中最缺的必需氨基酸，如蛋氨酸与赖氨酸。

④ 尿素为非蛋白氮物质，可添加于肉牛等反刍动物日粮，用以对氮的补充。常用的有尿素、缩二尿、磷酸二氢铵、氯化铵等。

（2）非营养性添加剂。这类添加剂本身在饲料中不起营养作用，但具有刺激代谢、驱虫、防病等功能，主要有抗生素助长剂、保护剂等。

5. 矿物质饲料

肉牛在生长发育和生产过程中需要十多种矿物质元素，均需由饲料摄入或人工补给。在肉牛生产中常用的矿物质饲料有以下几类。

（1）食盐。大多数植物性饲料多含钾而少钠。因此，以植物性饲料为主饲养肉牛，必须补充钠盐，常以食盐补给，在缺碘地区，以碘盐补给。

（2）含钙、磷的饲料。钙磷是动物机体，特别是骨骼生长所需的两种重要元素。二者相辅相成，缺少其中任何一个，或者比例失调，对机体健康以及生产都将产生不利，所以日粮中必须重点考虑。

① 含钙的矿物质饲料。常用的有石粉、贝壳、蛋壳等，其主要成分为碳酸钙。这类饲料来源广，价格低，但动物利用率不高。

② 含磷的矿物质饲料。这类饲料有磷酸氢钠、磷酸二氢钠、磷酸等。

③ 含钙和磷的矿物质饲料。常用的有骨粉、磷酸钙、磷酸氢钙等，它们既含钙又含磷，消化利用率相对较高，且价格适中。故在家畜日粮中出现钙和磷同时不足的情况下，多以这类饲料补给。

6. 碳水化合物

碳水化合物主要包括无氮浸出物和粗纤维。无氮浸出物主要是糖和淀粉，是容易消化吸收的物质。粗纤维是构成植物细胞壁的主要成分，是难以消化的物质。碳水化合物是牛体内热能的主要来源，是牛的基础营养，只有提供丰富的碳水化合物饲料，蛋白质等其他养分才能发挥各自的效能。如果碳水化合物不足或严重缺乏，蛋白质等其他养分再多也不能发挥效能，同时还会分解体组织转化为能量被消耗。碳水化合物是植物饲料的主要成分，占饲料干物质的

70%以上，一般容易得到满足。

（二）如何进行牛的饲草料搭配？

牛饲草料搭配的原则是青、粗、精合理配制，具体要做到以下几点。

（1）应根据饲养标准的要求，满足牛的各种营养需要。

（2）牛的日粮必须保持一定的容积，使牛既能吃好又能吃饱。

（3）要求一年四季都有一定的青绿多汁饲料，做到夏秋吃鲜青，冬春吃贮青，常年不断青，配料时应考虑青绿多汁饲料和干草等的用量应占整个日粮的80%~90%。

（4）日粮组成多样化搭配，混合精料组成不少于3~5种，青粗饲料不少于3种，切忌饲料品种单一化。

（5）要选择当地来源多、价格便宜、营养丰富、适口性好的饲料来配合日粮，但应避免采用霉烂饲料和对牛有不良影响的饲料。

九、牛舍建设与经营设计

牛舍建造一方面要因陋就简，就地取材，经济实用；另一方面，要符合兽医卫生要求，做到科学合理。

1. 牛场布局

许多牛场在建设时，在生活区和生产区分布上不甚合理，生产区位于上风头，这样给生活区带来一定污染，应当尽量避免。牛场应建在居民点下风头，距住宅区150~300米并在水源的下头。生活区应位于上风头。在我们和顺地区，一般北风、西北风为主风向，生活区应在生产区北面为宜，生产区、生活区中间应以隔墙分离。

2. 牛舍建造

普遍存在的问题是牛舍通风条件不好，粪便排放道路不畅等，这样就不符合兽医卫生要求。

（1）通风与光照

目前在牛舍建造上，仅注意到保暖问题，而未注意通风问题，表现在窗开

标准化养牛园区

的较小，一般只开南窗，尺寸为60厘米×180厘米，不利于采光和通风。比较好的做法是：南窗要较多、较大（100厘米×120厘米）；北窗则宜少、宜小（80厘米×100厘米）；窗台距地面高度为120~140厘米。在和顺县多数地区应考虑建造半开放牛舍，即南墙可不建，仅用柱子撑起，符合建筑承力要求即可。冬季可用塑膜搭盖，既省材料，又利于通风和采光、保温。

（2）牛床

各种牛床都有优缺点，建造时可根据实际选择使用。目前通常采用土质牛床，便于就地取材，造价低，保暖性好，但清除粪便比较困难，不能保证干燥卫生。牛床建造也可以选择以下方法。

水泥及石质牛床。其导热性好，比较硬，造价高，但清洗和消毒方便。

砖牛床。用砖立砌，用石灰或水泥抹缝，导热性好，排尿容易，硬度较高。

木质牛床。导热性差，容易保暖，有弹性且易清扫，但容易腐烂，不易消毒，造价也高。

（3）尿粪沟和污水池

大多数地方不设尿粪沟，而是隔一段时间集中清理。为保持牛舍的清洁和清扫方便，必须设置粪尿沟，不透水，表面光滑，一般宽28~30厘米，深15厘米，倾斜度1：100 200。尿粪沟要通到舍外污水池。污水池容积以每头牛3米^{3}建造，每月清理一次为宜。保证尿粪沟畅通，定期用水冲洗。

（4）食槽

建造食槽时，上宽 60~80 厘米，底宽 35 厘米左右，底呈弧形，槽内缘高 35 厘米，外缘高 60~80 厘米，槽底距地面高 25~30 厘米。或直接固定于地面，这样更有利于牛的采食和休息。

3. 经营设计

养牛业的经营设计，主要取决于五个方面因素：一是经营者自身的经营能力；二是可以得到的牧草资源，也就是饲草料的来源；三是经营期流动资金的投入；四是劳动力的来源；五是能够自觉接受技术指导与服务。建议根据五方面的内容决定自己的经营设计。

（1）家庭式经营。以承包土地 5 亩计算，种植和养牛并举，可饲养牛 5 头，合作放牧，每年出售 3 头牛，年收入约 6 000 元。

（2）牧场式经营。以购买或承包荒山土地 2 000 亩，可饲养牛 100 头，专业经营，每年出售牛 60 头，年收入约 10 万元。

（3）股份式经营。由某些单位或个人筹资投入到农户，投资者以资分红，经营者以劳分成。

（4）企业式经营。由企业家投资较大规模的经营，这种经营方式必须认真进行牛场的经营核算，其核算内容应包括：饲料费、原料费、防疫治疗费、雇用劳力费、水电费、农具费、贩卖经费、设施及机器维修费、配种费、资金占用费、土地费、折旧费、其他。

要提高养牛的经营效益，一是适度规模经营，实行以草定畜；二是夏秋放牧期增加牛的饲养量；三是坚持核心群母牛的培育，提高母牛的繁殖成活率；四是提高肉牛的育肥出栏率，掌握市场信息适时买卖；五是记账经营，不断改进牛的饲喂方式和经营方式，减少经营费用。

第三章　品种选育

和顺县早在1973年就被列为全国首家黄牛改良“冷配”试点县，1978年被列为全国首批商品基地县，也就是从这个时候起，和顺县把养牛业当成了全县的主导产业抓在手上，一任接着一任干。到1990年被列为中国西门塔尔太行山类群选育基地县，1996年被列为国家级秸秆养牛示范县，1997年被列为省级人工种草示范县和国家牧场建设示范县，2002年又被列为国家级秸秆养牛续建项目示范县。在历届县委、县政府的重视下，历经40余年的黄牛改良，培育成了中国西门塔尔“和顺牛”。以牛为主的畜牧业已发展成为县域经济的一大支柱产业，农民脱贫致富的当家产业。

第一节　牛改起步

和顺县具有广袤的土地资源和丰富的饲草资源优势，从“牛郎织女”的传说中可以说明在很早以前当地就有养牛习惯。和顺人把牛当成了人类的密友，这种观念为发展养牛业提供了理念方面的条件。然而，多年来由于传统的养殖方式，野交乱配、自然繁育，导致当地牛的体型越来越小，使役力降低，肉用的经济价值也很低。加上当时集体种植，以及农业机械化的不断发展，不少农民群众产生了“养牛无用”的思想，全县牛的数量大幅度下降。

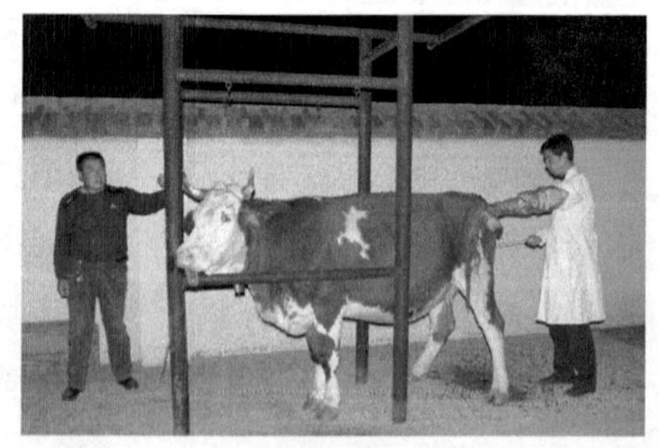

直肠把握输精

1973年，这个问题引起了县委、县政府的高度重视。在中央、省、地畜牧部门的关怀下，畜牧科研单位直接介入指导，开展了针对本地黄牛的全面普查测定。经过多次论证，在畜牧养殖专家的支持下，一条改良本地黄牛，提高养牛业档次和经济作用的发展之路绘成了和顺县的发展蓝图。和顺县最初引进了国外“海福特”冻精，采用直肠把握输精方法，在7个公社先行试点，两年生下6头海杂肉牛。县里组织全县大队干部和群众参观，原来有人认为“玻璃管管，东凌蛋蛋，如能生下牛犊子，太阳也能倒转”的人抛弃了传统观念。对于“冷冻精液”技术有了最初的认识。

第二节　品种引进

一、牛品种引进

1974年最先引进了夏洛莱、瑞灰、西门塔尔、安格斯等品种，进行了不同品种的生长发育和生产性能对比试验，经过反复调查论证，1976年正式确定以西门塔尔牛父本改良本地黄牛。

——1988年为社会提供商品牛42 575头，其中出口5 946头，占13.96%，菜牛13 165头；占30.9%；役牛11 795头，占出栏牛的27.7%。牛的商品率由1976年的4.2%，1988年提高到25.9%。

——1981年开始对西杂母牛进行挤奶试验逐渐推广。1988年全县565户农民有910头西杂母牛挤奶，累计8年共生产商品奶2 912 910千克；年售商品奶由1981年的3 500千克，1988年增加到945 000千克。挤奶牛占到西杂可繁母牛的11.6%。

——截至1988年年底，全县存栏牛24 024头，比1973年的15 711头增长65.4%。其中改良牛18 723头，覆盖面占77.9%。在改良牛中西杂一代9 395头，占52.19%；二代5 689头，占31.6%；三代2 362头，占12.9%；四代620头，占3.4%；全县存栏母牛12 492头，占总牛数的52%，比1973年母牛占总牛数的38.9%提高了13.1%。在母牛中适龄母牛7 846头，占总牛数的32.7%，比1973年提高了10.4%。

——养牛业的经济收入已由1973年的21万元，占农村经济总收入的1.8%，到1988年已达到320万元，占到农村经济总收入的16%，增长14.2%。

二、西门塔尔牛改良本地黄牛的效果分析

（一）体型外貌

西门塔尔牛，大型乳肉兼用型品种，原产地为瑞士西部阿尔卑斯山区，因“西门”山谷而得名。1997年，以胚胎形式，从加拿大引进。该品种牛体躯硕长，肋骨开张，胸部宽深，尻长而平，四肢粗壮，肌肉丰满。毛色多为红白花、黄白花，头、前胸、腹下、尾帚和四肢往往毛色较浅；头部，甚至身躯往往有不同程度卷毛。乳房发达，乳肉兼用型更明显。该牛体格高大，成年种公牛一般体高为145~150厘米，体重1 200~1 300千克；成年种母牛一般体高为130~135厘米，体重700~800千克，犊牛初生重约45千克，断奶体重280~300千克。平均日增重1 500克。公牛18月龄屠宰率65%，净肉率50%。该品种具有较高的泌乳性能，乳肉兼用型每胎次泌乳量可达1 500~3 500千克，乳脂率4%，是改良本地黄牛的理想选择。

西门塔尔牛具有广泛的生活适应性，许多国家都引进培育，形成众多的“种系”或“类群”。和顺县以胚胎形式引进，牛群质量好，名列全国前列。

和顺县本地牛属于华北黄牛，体型较小，成年母牛平均体高114.5厘米，体斜长124厘米，毛色多为黄色，其次是枣红色，少数牛星褐色。本地牛由于野交乱配，品种严重退化，整个体躯两头尖，中间粗。

西杂一代牛：显示出乳、肉、役的特征，头额部呈现白片。据225头西杂一代牛的调查，70%的牛尾稍呈白色，45%的四蹄或三蹄呈白色。四肢变粗，尾长，尻部宽平，母牛后躯较发达，体高比本地牛增加10厘米左右，整个身躯看上去发育匀称紧凑。

西杂二代：头额宽大，颈部粗壮，尻部平宽。母牛后躯发达，乳房发育良

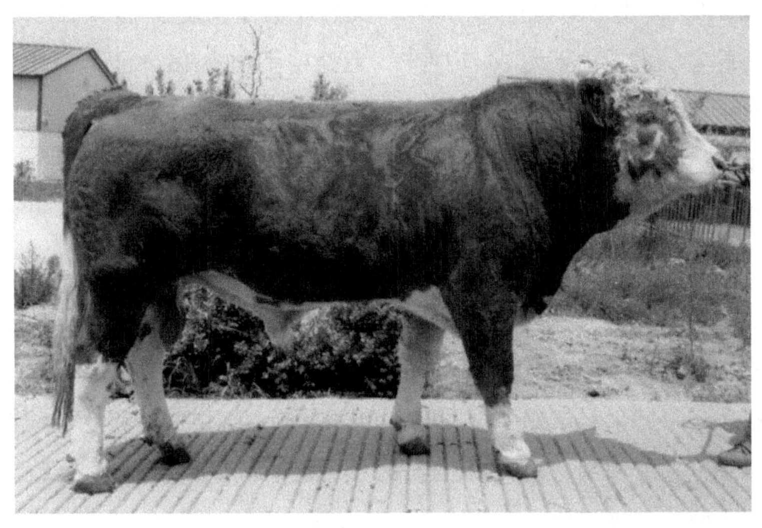

西门塔尔种公牛

好，公牛呈长方形。据222头西杂二代牛的调查，70%的背部呈现白花片，全身毛色呈黄色和红色加白斑片。整个身躯发育壮实，显示出乳、肉、役三兼用的生产性能。

西杂三代和四代牛：整个身躯显粗壮，呈长方形，全身大小不同地出现白斑片。据212头牛的调查，全身45%有白色片的牛占68%左右。母牛后躯发达，乳房发育良好，乳头粗壮，公牛头额方宽，颈部粗壮，胸深，背腰平直。西杂一代、西杂二代、西杂三代初生重分别比本地牛初生重提高6.6%、22.4%和32.5%。

1. 体尺、体重

西杂牛不同代数与本地牛6月龄、12月龄、成年牛的体尺、体重情况是，以12月龄体重减去出生后群体生长发育最快的是西杂三代牛，增重190.3千克；其次是西杂二代牛，增重达150.2千克；一般的是西杂一代，增重145.2千克；差的是本地牛，增重46.1千克。通过西门塔尔牛改良本地黄牛（以下简称“西杂牛”），据调查西杂成年牛的群体普遍比本地黄牛群体的五项主要指数均有明显提高，体高增加7.7%，体斜长增加9.9%，胸围增加26.4%，管围增加1.2%，体重增加9.6%。另外，我们还抽样调查了10头西杂牛和本地牛的坐骨端宽，本地牛平均14.7厘米，西杂牛平均为16.4厘米，比本地牛增加11.5%。

2. 西杂牛的饲养管理情况及适应性能

西杂牛具有较强的抗逆性能，在和顺县冬季最低气温-32℃下没有弓背萎缩现象，在夏季最高气温35℃时没有出现气喘、爬坡困难的现象。在管理上均采用夏秋季节放牧，在放牧中西杂牛的行动和爬坡以及采食等与本地牛没有差异。冬春季节补饲玉米秸秆和谷草、杂草等，成年牛日补饲草约10千克。近年在育成牛、育肥牛和产奶牛中推广了秸秆青贮、氨化喂牛和混合饲料、配合饲料、添加剂、缓冲剂、松针粉、菜树叶、葵花盘、食盐、尿素、喂温水等饲养技术喂牛收到了良好效果。

3. 犊牛的培育

西杂犊牛与本地犊牛的哺乳方法相同，随母亲哺乳8个月龄左右，同时随母亲采食，断奶时平均体重在85千克左右，比本地牛体重增加41.2%。西杂挤奶牛用人工乳，一般哺乳90~180天，耗乳量380千克左右。哺乳期辅助代乳料的应用，通过推广这一技术小牛整个哺乳期可节约用奶200~250千克，大大降低了牛的培育成本。

（二）生产性能

1. 肉用性能

据我们在2村23户进行的育肥试验，西杂二代牛屠宰率比本地牛提高35%。据全县肉类产量统计，1988年存栏牛头均产肉量47.9千克，比1973年存栏牛头均产肉量的15.1千克提高2.2倍。肉类产量不仅数量增加，质量也明显提高，1976年和1986年分别两次受到港商的来电称赞，说“和顺牛品种好，肉质鲜嫩，营养价值高”。

2. 乳用性能

和顺县利用西杂母牛挤奶开始于1981年，通过反复试验论证，西杂牛不仅能挤奶，产奶量稳，乳脂率高而且经济效益比较可观。西杂牛的挤奶试验是以舍饲为主加放牧，料奶比为 1∶3，基础料为 2 千克。在挤奶中多数牛未停止使役，西杂二代比一代和三代母牛的泌乳期分别高 4.2%和 5.9%，产奶量分别高 5.9%和 2.1%。山西农业大学抽样化验所得，西杂牛的乳脂率比黑白花提高 7.4%，干物质提高 8.3%，蛋白质提高 7.7%。通过乳、肉综合利用，经济效益明显提高。

3. 挽力

在不同的两个乡村进行了测定，测定时对地块、地、深度（型深 16 厘米、型宽 21 厘米）相同，用挽力测定器进行测定，耕地 0.3 亩，并在 15 分钟后测定呼吸。其结果是西杂牛的挽力普遍比本地牛提高 20.8%，而且使役后脉搏和呼吸恢复西杂牛比本地牛提早 4 分钟左右。

4. 繁殖情况

通过黄牛改良工作，和顺县的母牛繁殖逐年提高，已由原来的两年一胎转变为一年一胎和三年两胎，大大促进养牛事业的发展。

三、和顺牛改良经验

（一）领导重视是能够坚持改良的关键

1. 领导亲自抓、层层决心大，保证了改良的连续性

从开始黄牛改良至今，县委、县政府以至各级党政领导都把养牛业作为振兴和顺农村经济的一项大事抓在手，从未间断。在 20 世纪 70 年代初，县委书记徐云魁、县长粟春荣不仅参加了黄牛改良方案的制定，还参加了“冷冻精液”技术培训班，学习“直肠把握输精”，书记县长深入农村包点。徐云魁同志还担任了黄牛改良领导组组长。领导的带动作用在这里有了充分展示，他们的行动

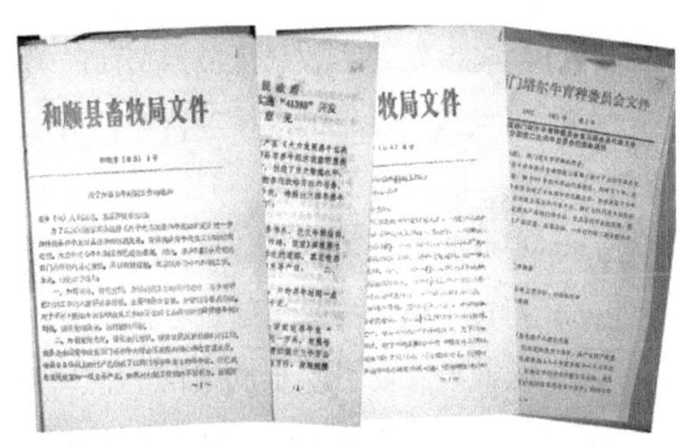

和顺县畜牧局文件

牧局文件

门塔尔牛育种委员会文件

极大地鼓舞了从事这项工作的专业技术人员。各乡镇党委都配备了专职干部专门负责抓黄牛改良工作，充实了技术队伍，建立了县乡两级黄牛改良站，先前培养出来的 15 名技术员长期住站工作。20 世纪 80 年代初，县委、县政府又及时提出了以牛为主，突出挤奶，全面发展畜牧业的生产方针，开发了西杂牛的综合利用。县委、县政府在全年生产工作中把西杂牛挤奶和畜牧业生产实绩列入了县、乡两级领导干部工作责任制的考核指标，并在年初签订畜牧业生产指标考核责任书。

2. 政策兑现保证了养牛事业的稳定性

根据不同时间的不同特点制定了相应的切实可行的政策，具体如下。

（1）在开展肉牛育肥中，对肉牛育肥一年半，体重达到 600 市斤以上的，每超过一斤奖款 3~5 角（县财政从不宽裕的资金中拿出来）。

（2）在开发西杂牛挤奶时，每交到县乳品厂一市斤鲜奶，县政府奖给饲养户 0.15 斤配合饲料。

（3）对各乡镇和畜牧局依照年初商品奶任务，年终每超一吨奖款 30 元。

（4）对发展改良牛的规模经营户，实行三优先，即优先解决草料地，优先批给宅基地、优先给予贷款。

（5）根据黄牛改良的效果，县政府作出了《收缴改良牛技术改进费的决定》。

（6）对黄牛改良技术员通过考核、考评，合格的发给技术职称证书。

（7）县政府在财力不足的情况下，从 1982 年起，每年都为黄牛改良投资 26 900 元，作为购置和补充必要的器械设备。

（二）加强技术队伍建设，强化技术服务运行机制

和顺县的“冷配”黄牛工作开展较早，在使用“冻精”上由“颗粒”精

液转变为“细管”精液，在保存精液上由干冰变为液氮，在输精方法上由“开阴器”改为“直肠把握输精”；在饲养管理方法上由单纯的指导饲养耕牛和产犊技术，转变为乳、肉、役全面管理的饲养技术；在技术服务上由单纯的就业务抓业务转变为产、供、销一起抓的全程服务。

山西省和顺县

畜牧兽医技术服务中心文件

1. 加强技术队伍的培训

黄牛改良以来每年培训输精改良技术员，并且牛改技术员录用到本县各基层改良站，对于这支骨干队伍除每年集中进行一次改良技术培训外，还特别注意对他们由单项技术向多面手培养。组织他们参加农广校学习，在实践中学习医疗技术等，走自学成才的道路。目前多数改良技术员已成为输精、骟割、治疗、指导饲养管理的多面手。

2. 是加强了服务体系的建设，促进了服务手段的提高

（1）在全县建立了县、乡、村 48 个稳定的改良站（点），并初步有了一定的设施装备，有输精室 60 间，液氮生产机两台，送氮车 2 辆，各基层站均有一定的输精设备。

（2）设立了“西杂奶牛”技术服务站，专抓西杂母牛挤奶。

（3）设立了草原站，加强了开发饲草资源利用的技术指导。

（4）设立了防治站，在全县 15 个基层站和 4 个村建立了畜禽防疫网络。

（5）成立了牧工商公司，分别建立了饲料加工厂，肉牛育肥场等。

3. 强化技术推广体系建设

为了有效地调动全局上下技术人员的积极性，我们经历了一个由岗位目标责任制到行政技术双承包的过程，对技术干部实行以人包乡，任务到人，工资、绩效挂勾的承包形式，加强了广大科技人员的事业心和责任感。推动了开发“西杂牛”综合利用的基础建设。

（1）推广了母牛繁殖率提高技术。改季节性输精为常年输精，同时利用三合激素，孕马血清、黄体酮、中药等进行同期催情，对长期不孕或患有子宫炎症的母牛除利用中药治疗、柠檬酸清洗外，还利用人工按摩的方法，均收到良好的效果。

（2）推动了饲草基地建设。从1981年到现在全县累计封山育草55万亩，生物围栏10万亩，人工种草4万亩。在进行草山草坡建设的同时积极开展了青贮、黄贮工作，通过努力，青贮数量、质量均达到每头牛150千克的标准。

养牛技术培训

（3）推广了科学养牛技术的具体运用。和顺县自古以来农民是依赖山上草，河里水饲养牛羊。开展对西杂牛的综合利用后，从古至今沿用的粗放管理受到了冲击，随之而来的是多方改变：改常年放牧为冬春舍饲、夏秋放牧的新型养牛模式；改大群放牧为小群管理；改单一饲料为配合饲料和混合饲料，改常年不喂食盐为定期补盐；改大小牛混合管理为分圈管理；改冬春饮冷水为温水。初步扭转了过去那种夏饱、冬瘦、春死亡的现象，牛的死亡率由改良前的8%下降到现在的3%。

（三）以开发“西杂牛”的综合利用配套技术服务，促进黄牛改良的深入发展

1. 坚持从宣传教育入手，让农民接受新理念、新科学、新技术

黄牛改良以来，我中心的牧业技术干部成立了技术服务站，一方面编印技

培训资料

术资料，开办培训班，向农民宣讲新技术；另一方面我们组织各类技术骨干，走乡串户向养牛农户面对面传授，培训养牛二传手。

2. 坚持短期育肥和常年育肥相结合的措施

主动把流通搞活。几十年来，我们采取了自己外销和依托外省、区、本省、县联合外销等多种形式，为农民在销售肉牛上排忧解难，为肉牛育肥提供了条件，加快了育肥速度，缩短了育肥期，提高了养牛的经济效益。

总之，我们在养牛业上，坚持改良促发展，综合利用增效益的指导思想，有效地促进了商品牛基地建设的步伐。

第三节　品种选育

一、"太行云牛"的选育

1973 年，中央、省、地畜牧部门对和顺县进行了翔实的考察、论证，决定引进国外的优质牛品种进行黄牛改良。最先进入选择的品种有夏洛莱、西门塔尔牛等几个品种。经过引进"冻精"对本地黄牛进行有计划的杂交，这几种牛品种呈现出了不同的表现特性。经过第选试验，在 1976 年正式确定西门塔尔牛为和顺改良本地黄牛的当家牛种。到目前已经经历了 40 多年的繁育养殖，

和顺县的西门塔尔杂交牛群

和顺县的西门塔尔杂交牛已形成一个繁殖群体，西门塔尔牛太行类群的选育工作已经完成，太行云牛新品种已经形成。

（一）“太行云牛”的选育结果

1991年开始和顺县承担了国家级攻关项目——中国西门塔尔牛太行类群的选育，其主要指标是：完成西门塔尔牛育种群2 000头，头均产奶量3 000千克以上，乳脂率达到4.2%，体形外貌达到“中国西门塔尔牛国家鉴定标准”。

为了把选育工作作好，在课题组直接指导和帮助下，我们于1991年在全县存栏的17 894头二代以上的母牛进行了普查，经5年的选育，目前符合要求的育种母牛达到2 029头。

（二）技术路线

1. 普查登记，摸清底子

为把选育工作搞得扎实有效，我们对全县17 894头母牛进行了全面普查，重点登记，最后集中于9个乡镇149户的2 461头中，正式列档为2 029头。

2. 体尺测定，健全档案

对列档的2 029头选育牛我们重点进行了体尺测定，并查找了有关配种记录进行了后裔分析，健全了育种档案。

3. 强化管理

对选育牛的户主我们进行了全面系统的技术培训和宣传发动工作，印发了育种技术资料 500 份，达到了生产者与科技部门的密切配合。

4. 优种优育

优种不能优育是我们多年来制约育种群生产性能的主要因素，为此，我们在 149 户育种牛户中开展了综合技术承包服务，实行了四统一标准强化管理。

技术团队进行打耳标、基础数据测定

一是统一秸秆青贮氨化标准，每头牛备冬春青贮、氨化秸秆 1 000 千克；二是统一饲料配方标准，对所有选育牛都供给配合饲料，每天为 1 千克配合料；三是统一疫病防控和管理方法，春秋统一防疫驱虫；四是统一科学放牧和日粮搭配标准，冬季每头牛每日供应饲草不得少于 10 千克。因此，有效地改变了传统的养牛方式，使全县西杂牛的饲养管理水平有了明显的提高。

（三）主要措施

1. 统一思想，健全机构，确保选育工作的顺利进行

西门塔尔牛核心群选育是一项涉及面广、技术性强的系统工程，特别是在

既无选育经费，又受市场波动的影响下，要完成核心群选育工作确实困难很多。为此，项目一开始县政府首先成立了太行山西门塔尔牛核心选育领导组，组长由分管农业的副县长担任，县局抽调专人成立了核心群选育攻关小组。机构健全后，我们召开了不同类型的专业会和培训会，广泛宣传核心群选育的现实意义和战略意义，从而使全县上下统一了思想，提高了认识。同时，层层签订了核心群选育目标责任书，责任书明确提出了选育的任务、标准及奖惩办法，从而做到了两到位、两落实，即领导到位，措施到位；技术人员落实，选育牛群落实。

2. 全面普查，突出重点，有的放矢地开展选育

项目确定之后，省地课题组领导与我们一起参与普查和选育工作，并对1991年存档的26 316头牛进行了普查摸底，通过普查确定在9个乡镇149村重点实施，并对2 461头母牛进行了体尺测定和建档工作。为了较全面地掌握当地西门塔尔牛的发育情况，我们还在1993年山西农业大学实习生的帮助下测定了7个多镇的364头母牛，从而为我们的选育工作提供了更多的科学依据。在选育中我们突出了三个重点，一是突出了对被选育牛户主的思想教育和技术培训，以稳定选育牛防止外流；二是突出了后备母牛和育成母牛的培育；三是突出了成年母牛的选配，由于目标明确，重点突出，从而使我们的选育工作健康发展。

3. 牧科教相结合，提高选育工作的水平

此项选育工作，为和顺县加速科学养牛的步伐提供了新的机遇，使全县养牛业在五项实用技术上有了新的突破。一是母牛“冷配”率最高；二是青贮氨化秸秆量最高；三是饲料销售量最高；四是人工种草量最高；五是圈舍改建及科学管理有了新的突破。与此同时，我们还配合省畜牧局、省畜牧研究所、山西农业大学搞了三个试验项目。一是胚胎移植项目，受胎率达50.09%；二是不同饲料配方育肥牛和埋植“畜大壮”、饲喂添加剂等育肥牛项目；三是牧草引种试验、混播试验、果园种草试验、草坡改良试验等。通过这些试验项目，不仅为大面积推广积累了科学依据，也为加速中国西门塔尔牛太行山区品系的

太行云牛选育奠定了新的物质基础。

二、中国西门塔尔牛新品种太行云牛选育的收获

中国西门塔尔牛新品种已由农业部认定，分山区、平川、草原三个类型。山西、四川作为山区类群，和顺县属基地之一，山区类群牛的特点是乳肉兼用型，母牛一个泌乳期产奶量3401千克，育肥肉牛24月龄体重达432千克，屠宰率61.04%，净肉率51.01%，这就是品种形成的主要生产技术指标。中国西门塔尔牛发展的肉牛市场前景，据中国农业科学院经济研究员林祥金讲，肉牛处在弹性发展期，市场成熟度还不高，国内消费主要是富人的食品，工资每增长1%，牛肉消费就增长0.7%左右。目前，牛的存栏情况是：世界每10人平均2.2头牛，中国每10人1头牛，巴西每10人10头牛，新西兰每10人24头牛，印度每10人2.1头牛，肉牛发展的潜力巨大。中国西门塔尔牛的发展战略是继续提高母牛的选育和公牛的肉牛育肥水平。在发展性状上：建立高产母牛核心群，提高产奶量，继续提高肉牛的高档育肥技术。在育种方法上：一是采取横交选育，提高母牛产奶量，缩短肉牛育肥期，提高屠宰率；二是杂交吸收，不断吸收其他牛种优点，技术路线为导入杂交（一到二代），或间隙导入；三是要求每千头基础母牛保持4个血缘组。

三、坚持牛改育名种，开发秸秆增效益

为加速全县优质牛基地建设和秸秆开发利用的进程，带动农村产业结构的调整，县委、县政府组织县四大班子领导和各乡党委书记及有关部门赴北京市大厂县、福成肉牛屠宰股份公司、我省的交城县、祁县等地进行了参观学习，对照外地经验认真总结了全县在发展养牛业上的经验与教训。面对发展的要求，我们出台了“推进和顺牛产业化”的八个配套文件，并请了省、市有关领导和中央、省、市养牛专家进行了论证，确立和顺县“推进养牛产业化”的主攻方向、奋斗目标和战略措施。同时召开了全县推进养牛产业化动员大会，层层签订了目标责任书，做到了重点项目有人包，整体措施有人管。回顾全县的

养牛历程，总结全县建设优质牛基地的成功经验，我们所做的工作可以概括为四句话：坚持改良、与时俱进、配套服务、面向市场，我们的具体做法如下。

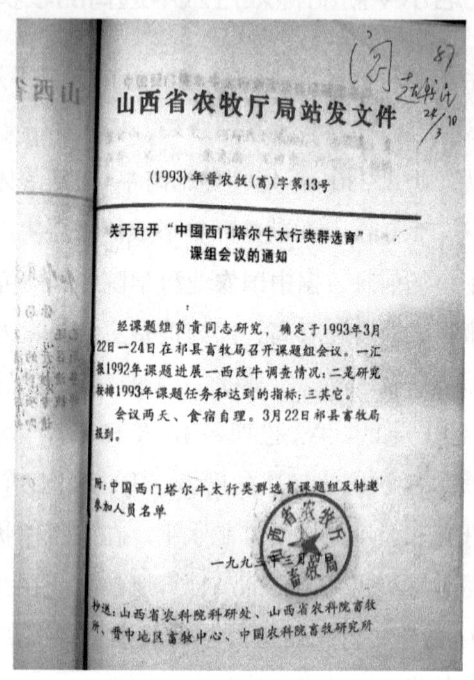

山西省农牧厅局站发文件

(1993)年晋农牧(畜)字第13号

关于召开“中国西门塔尔牛太行类群选育”课组会议的通知

经课题组负责同志研究，确定于1993年3月22日—24日在祁县畜牧局召开课题组会议。一汇报1992年课题进展—西改牛调查情况；二是研究安排1993年课题任务和达到的指标；三其它。

会议两天、食宿自理。3月22日祁县畜牧局报到。

附：中国西门塔尔牛太行类群选育课题组及特邀参加人员名单

一九九三年三月四日

抄送：山西省农科院科研处、山西省农科院畜牧所、晋中地区畜牧中心、中国农科院畜牧研究所

（一）坚持改良，狠抓培育不放松

从1973年全县被列为全国首家黄牛改良“冷配”试点县以来，我们始终坚持了16字方针，那就是：阉割到低，同质优配，突出繁殖，狠抓培育。所谓阉割到底，就是对土种公牛和杂交公牛到6月必须全部阉割，当地群众把这一工作当成“黄色”革命；所谓同质优配，就是对多年引进的“种牛精液”和受配牛认真进行档案记载，做到系谱清楚，代数清楚，每三年更换一次品系，杜绝了种牛的同交现象。所谓突出繁殖，就是在提高母牛的受配率、受胎率和产仔成活率上下功夫，培训农民掌握母牛发情鉴定技术，强化技术人员的情期受胎技术，教育饲牧人员掌握产仔养育技术，从而使全县的母牛受配率提高，受胎率提高，产仔成活率提高。为了提高母牛的繁殖成活率，我们在黄牛

改良技术员中开展了“一人一年实输精五百头”竞赛，为农民承诺了一次收费全年保配，受胎不育，收费全退的警言。所谓狠抓培育，就是见母必留，先留后选，及时调整牛群结构，从1985年被列为中国西门塔尔牛太行山区类群育种基地以来，从改良到“和顺牛”形成的历史，是和顺县委、县政府一任接一任的创业史，是畜牧战线的广大技术人员一如继往的奋发史，是广大农民生存与生产并走向富裕的历史。我们把这段历史分成了五个阶段。

第一阶段，1973—1976年为牛种改良筛选阶段，在农业部引进的多个“西牛”品种中，西门塔尔牛以其肉、乳、役兼用的生产性能和耐粗饲、善爬坡、适应性强的特点，被确定为全县的当家牛种。

第二阶段，1977—1985年为综合开发肉乳生产的试验阶段，当时县委、县政府提出了“和顺要想富，大养牛多栽树”的思路，突出抓了繁育挤奶技术的试验，并且完成了集体饲养向分户饲养的转变。1979年，全国肉牛繁殖基地会议在全县召开，1983年全国10省区西门塔尔杂交改良技术研讨会在全县召开。

第三阶段，1986—1994年，为西杂综合开发阶段。按照“远肉近奶，规模经营，科学饲养，提高效益”的思路，育肥与挤奶同时并进，同时组织实施了国家科技攻关项目——中国西门塔尔太行类群的核心群选育。

第四阶段，1995—2000年，为养牛产业化提出和探索阶段。围绕“兴支柱、树特色、举龙头、促养牛”的发展思路，进行了产业化的初步探索，并奠定了一定基础。

第五阶段，2001年至今，县委、县政府提出了建设“牧林产业大县”的目标，提出了“以牧富民”的发展思路，进一步把提高、做大养牛业摆上重要位置。养牛业在农民增收、农业结构调整和农村经济发展中越来越发挥着重要的作用，成为农民致富的当家产业。全县实施的中国西门塔尔太行类群选育项目已通过国家鉴定。养牛业显现出了两个明显的特点：一是黄牛改良的成功，形成了具有和顺特色的、具有市场竞争的产品和产业；二是对养牛与富民的不断深化，广大干部群众的长期实践形成了具有和顺特色的以养牛业为主的农村产业结构，走出了一条农民脱贫致富的正确道路。

（二）与时俱进，不断创新经营机制

一是转变观念抓养牛。就是以市场为导向，全力推进养牛产业化进程，实现三个转变：由散养放牧为主的原始生产方式转变为半牧与舍饲相结合，最后到舍饲圈养为主的现代化生产方式；由农户分散经管转变为园区化集约经管，标准化生产；由单一以繁育为主转变为繁、育、加工相结合的一条龙经营。确立了“以养牛业为主导，种植业为基础，加工业为龙头，构建产业联合互动的新型大农业格局，以养牛产业化推动农业产业化，加快全县农业升级转型”的指导思想。

二是创新方式抓养牛。在全县重点推广了5头母牛脱贫、骨干育肥牛场、养牛园区建设、家庭牧场四种发展模式。

三是开放引进抓养牛。阳光占乡引进太原市农垦实业公司和巨绿农业科技发展公司，合作在阳光占乡成立泽润大地农牧发展公司，投资825万元兴建千头育肥牛场。目前，已同500余户养牛户签订牛合同，项目建成后，年可育肥4期，出栏肉牛4 000头，实现产值1 400万元，利润240万元。

四是打造品牌抓养牛。1993年，我们邀请省、市有关部门领导以及有关专家召开了中国西门塔尔和顺牛产业发展座谈会，为和顺牛发展造势。经农业部、国家科委和中国西门塔尔牛育种委员会审定，和顺牛已被命名为中国西门塔尔牛太行山区类群，有了自己的品牌。

五是政策引导抓养牛。县委、县政府召开了全县推进养牛产业化千人大会，明确提出了今后一段时期全县养牛业发展的方向和任务，出台了“一个决定、一个规划、六个实施办法”等一整套配套政策，加大养牛业的扶持力度。

（三）配套服务，突出秸秆开发利用促推广

和顺县具有山大坡广、水草丰盛的优势，正因如此，养牛业长期处于山上草、河里水的自然发展状态。全县年产7 000万千克的秸秆，利用只有一半，大量的秸秆被焚烧。为了改变这种传统恶习，县委、县政府在1995年组织了百人万户秸秆养牛大调查，就养牛与秸秆开发利用进行了深层研究，通过调查形成了三个共识：一是大力发展养牛业必须开展秸秆的科学加工利用；二是大

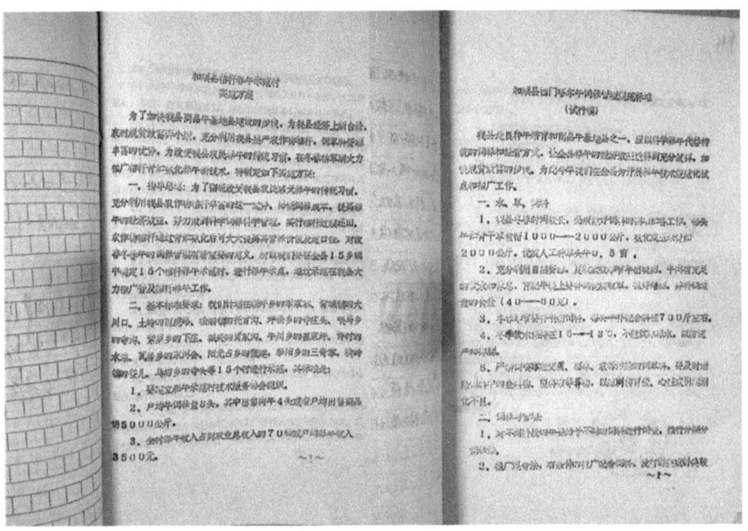

力发展养牛业必须加大科技渗透力度，提高科技含量；三是大力发展养牛业必须朝着规模化、科学化、产业化的方向发展。与此同时，县委、县政府在抓养牛业上进行了战略性调整，制订了《和顺秸秆养牛的实施方案》，明确了短期内实现秸秆加工企业化，秸秆利用科学化，秸秆发酵生物（EM）化的工作思路。县政府成立了秸秆养牛开发领导组，由县长亲自挂帅，县、乡、村层层鉴定了秸秆养牛责任状。重点考核指标，一是青贮、氨化和 EM 发酵池的建造；二是科学加工利用秸秆的总量；三是铡草机的普及面；四是母牛的冷配任务。为了保证各部门落实情况，还成立了秸秆养牛督查组，把秸秆养牛列为考核干部的一项重要指标列入农村工作的考核内容。通过硬性指标的考核和建设示范点，使秸秆的加工利用经历了一个由焚烧到加工利用，由一般切碎加工到青贮→氨化→活干菌发酵→EM 发酵，特别是利用 EM 青贮和发酵的秸秆，人们把它称为永保“绿色”的馒头，和饲喂方便的“发酵面”。经过 EM 处理的秸秆，防止了牛犊拉稀，改变了牛的适口性，增加牛的瘤胃微生物合成，改变了牛的恶臭环境。广大群众对 EM 发酵秸秆总结了四句话，叫作 EM 就是好，“既能发酵干饲草，又能提高草营养，既能治疗牧畜病，又能防治牲畜病，不是看广告，确实有疗效”。为了综合推广这一技术我们在实践中形成了一个公式，即EM+虫克星+配合料=改良牛的优种优育。

四、坚持牛改育名种　创新服务壮产业

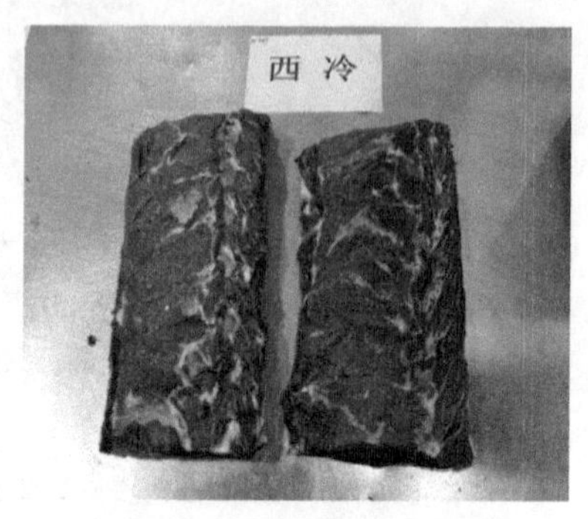

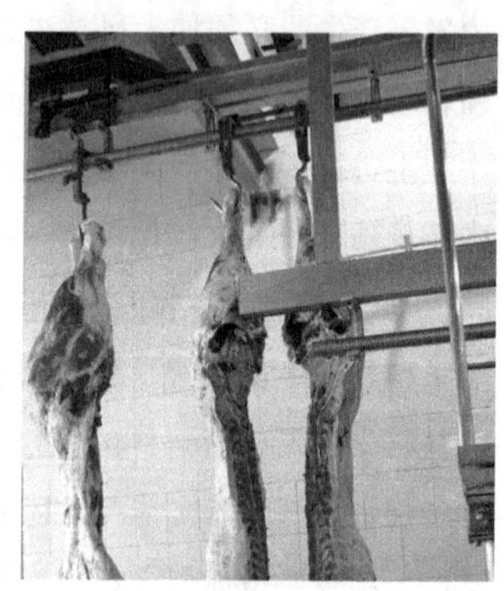

育肥屠宰牛肉

在和顺县黄牛改良1973—2000年，养殖户把这次黄牛改良称为“黄色革命”，在改变牛的体型、增加牛的体力、参与市场流通、增加农民收入等方面起到了极其重要的作用。然而，随着社会主义市场经济的不断推进，市场需求产品的档次不断升级，和顺改良牛已面临着义不容辞的挑战。和顺县委、县政府应用社会主义市场经济的观点，结合本县实际，审时度势地提出了调整经济结构、产业结构、产品结构；实施开放兴县，开发富县，开源强县；实现由资源主导型经济向市场主导型经济转变，由原料初级开发向深度加工转变，由低级次产品向高级次产品转变的发展思路。在农村经济发展中，紧紧抓住全国秸秆养牛示范县的机遇，提出了“粮奠基、牛富民、林美县”的发展战略，创新了服务养牛产业的机制，以举龙头、育名种、拓市场、扩规模、抓科技、促推广为工作重点，不断推进养牛产业化的进程，推进养牛产业化进程其具体做法如下。

（一）举龙头、育名种、壮产业

长期以来，围绕全县养牛业向高质量、深层次发展的一个重要环节，是缺乏龙头加工企业的带动，使优质的牛品种不能优价上市，导致了农民优种不优

育。为了解决这难题，县委、县政府向上多方争取项目，向外多方邀请引进人才，对内全面协调和创新“举龙头”的机制。经过全方位的努力，于1998年将原食品公司实行了改制，组建了股份食品有限公司，有130名职工和社会人士参股，集股额达200万元，从内蒙古招来屠宰技术人员3名，将该企业的原“冷库”改建成为高档牛肉屠宰加工车间。与此同时，县政府投入200万元开发肉牛加工，从此和顺县的肉牛屠宰加工企业全面启动。这不仅在和顺县养牛业上添补了空白，而且在太行山的养牛上也是一个创举，为解决周边县市的养牛市场将起到积极的保障作用。目前已屠宰分割300头肉牛销往内蒙古、黑龙江、大连等地，市场销售看好。在肉牛屠宰刚刚开始的同时，我们又吸引来了广东客商在和顺县兴办鲜奶乳酸发酵加工企业，目前已投入100万元正在兴建之中。肉乳加工龙头企业的兴起，极大地带动了农民育名种牛的积极性，全县已培育核心群高产母牛3 000头，肉牛的育肥已由原来的分散饲养发展到了大户规模饲养，投入明显增加。全县发展百头肉牛育肥场已达22个，全县上下育名种牛、创名牌产品的意识已经形成。和顺牛将以崭新的面貌迎接新的挑战。

（二）拓市场，扩规模，壮产业

和顺牛由于体型大、毛色一致、肉牛育肥快、屠宰率高、肉质鲜嫩；母牛的泌乳性能好、乳脂率高，所以在市场畅销不衰。为了解决好牛市场无序竞争，县政府委托畜牧局组建了养牛流通协会，吸纳了150名流通中介人，聘请了中央、省、地养牛专家20名为顾问，形成了信息、流通、市场“三位一体”的中介组织。无型的市场形成后，我们积极引进资金，在阳光占乡建起了华北地区最大的肉交易市场——中国阳光肉牛交易市场，无型市场与有型市场的有机结合，使和顺牛更加取得了客商的信赖。目前和顺牛已稳定销住北京、天津、内蒙古、福建等11个省市的170多个育肥场、屠宰厂。市场的拓宽为扩张和顺养牛规模起到了积极的拉动作用。小群体、大规模是和顺养牛的特点，目前全县养牛户已占到总农户的89.8%。随着市场需求的不断扩大，一批规模养牛户脱颖而出，全县饲养5头牛以上的户已达2 500户，规模养牛占到全县总牛数的 17%，靠养牛致富，靠养牛奔小康在广大农村已形成氛围。

（三）抓种技，促推广，壮产业

回顾和顺县养牛业的发展史，每取得一个成就都是科技先行，在抓科技上我们采取的办法是试验、示范与推广有机结合；巩固、提高、创新三并举；行政、技术与养牛户三连环，以行政引导、技术指导、养牛户办到为我们服务的宗旨，重点推行了五项实用技术。

一是全面提高母牛的受配率、受胎率、产仔成活率。为了提高母牛“三率”，我们突出了小公牛的早期骟割、母牛的不孕症治疗，犊牛早期断奶和产后母牛的跟踪配种，使母牛的繁殖成活率达到 76% 以上。

二是以全国秸秆养牛示范县项目为动力，在全县推行了秸秆的青贮、氨化、微贮，秸秆科学加工利用技术。累计建设青贮氨化池 11 000 个，秸秆的科学加工利用率达到 81%。在推行秸秆的科学加工利用中，我们采取的措施是：政策扶持，对建池户无偿划给地基；资金上扶持，每建一池补助 200 元；劳力上扶助，对一家一户难以解决的建池、贮草等用工，由集体组织互帮互助，从而使秸秆养牛在和顺县全面推广。

三是以改变牛冬春舍饲条件为重点，新建和改造扣膜牛舍 4 万米^2。为了卓有成效地推开冬春扣膜养牛，县政府对每建 40 米^2 的一栋牛舍补助 2 000 元，待见效后还款。同时在地基、木材和养牛贷款上给予优先。通过牛舍的改造，使舍饲牛达到 1 万头，有效地解决了牛的冬春掉膘问题。

四是以推广肉牛育肥技术为主，狠抓了牛的饲养管理技术改变，做到了草、牛、圈三配套。在母牛的培育上实行了档案化管理，同质优配，规范化饲养，有效地促进了和顺太行牛种的培育进程。

五是大力推广综合配套技术，组装配套了防疫、阿维菌素驱虫、舔盐砖、配合饲料、饲草搭配等技术，在推广这些技术中我们每年冬春都要认真开展一次大面积的系统培训，使科学养牛在经济效益的份额中已占到 70% 以上。

在 1996—2000 年，在养牛史上做出的业绩如下。

1. 牛的饲养总量实现新突破

三年来累计全县牛饲养量达到 25.5 万头，出栏 6.5 万头，牛肉总产量达 1.21 万吨，超计划的 11.2%。

2. 规模养牛实现新飞跃

全县养牛 2.8 万户，占总农户的 89.8%。饲养 5 头牛以上的规模户 2 104，其中养牛 20 头以上的户 132；发展养 50 头以上的牛场 40 个；发展养牛小区 8 个，发展人均养一头牛的村 104 个。

3. 加速了太行山核心牛种的培育

1999 年年底，全县存栏牛 68 802 头，基本是西门塔尔牛改良牛，其中二代牛占 20.4%，三代牛占 44.6%，四代以上牛占 35%。三年来，累计改良“冷配”母牛 4.9 万头，产犊牛 4.3 万头，母牛繁殖成活率达到 74.3%，比黄牛改良初期提高 10 个百分点。按照中国西门塔尔育种委员会主任陈幼春 1998 年 4 月考察和顺养牛业时说：“和顺西门塔尔牛已近纯繁。”农业部畜牧兽医司畜牧处陈处长考察和顺时指出：“和顺西门塔尔牛居华北乃至全国之首。”

4. 养牛效益明显提高

1999 年县牧业收入 7204.9 万元，其中养牛收入 5086.67 万元，占牧业收入的 70.6%，比“八五”期末提高 47.4%，人均牧业收入 624 元，其中养牛收入 447 元。

5. 优种牛的培育促进了饲料生产的全面发展

广大农民开发“空中牧场”和树叶果实饲料每年达 8 万千克，打山草达 1 500 万千克，饲料加工业进步壮大，年生产配合饲料达 200 万千克。

6. 龙头企业正在崛起

目前肉牛屠宰加工项目正在开展，食品公司生产的“晋顺”牌牛肉深受消费者好评。

7. 养牛业增强了农业发展的后劲

由于牛的规模不断扩张，为农业提供了大量的有机肥料，亩施农家肥由 1995 年的 80 石提高到 2000 年的 110 石。在 1996 年大灾之年，仍获得丰收。1999 年粮食总产又创历史最高水平，达到了 6 018 万千克，促进了农业的良性

夏季放牧牛群

循环。

8. 养牛业带动了农业产业结构的调整

为了推进养牛产业化的建设，我们将全县的大政方针“林牧”富县调整为“牧林”富县，使畜牧得到快速发展。1999 年畜收业产值达到 3 692 万元，占到农业总产值的 41.2%。

9. 锻炼了队伍，培养了人才

通过名种牛培育，不仅提高了广大科技人员的技术素质，而且造就了一支懂业务、会操作的干部队伍，更重要的是转变了农民的思想意识，使广大农民敢于在竞争日趋激烈的市场经济大潮中搏击。

五、抓住转型机遇期，促进母牛园区建设

山西省和顺县地处太行山中段，早在 20 世纪 70 年代就引进海福特、夏洛莱、西门塔尔牛“冻精”改良本地黄牛，被农业部命名为“全国肉牛繁育基地县”，80 年代被列为中国西门塔尔牛太行山区类群育种基地。笔者作为和顺牛改创始人之一，见证了近 40 年和顺县历届县委、县政府抓养牛的持续性和创新发展的力度，肉牛繁育运行机制和服务体系的不断完善，广大技术人员服务质量的不断提高，广大农民养牛致富的产业链条不断延伸，依靠养牛奔小康是

和顺农民在实践中选定的当家产业。新一届县委、县政府更加重视养牛产业的发展，提出了今后打造“以牛为主的绿色农副产品加工基地”，率先在山西乃至全国实现“绿色有机肉牛培育加工基地”的战略目标，并在积极完善各项措施付诸落实。

冬暖的扣膜养牛园区

山区养牛业，在“农耕机械化”的进程中牛从耕田退出。在新农村建设规划发展中，牛从院落饲养繁育逐步进入园区，长期依赖于“山上水，河里水”的游牧方式已不能适应现代化养牛的要求。抓住转型机遇期，促进母牛园区建设，是确保肉牛繁育持续、稳定、健康发展的基础，是保障人们生活安全供给的有效途径。

（一）领导重视，发挥优势促发展

和顺县从1973年黄牛改良以来，历经40余年的品种改良、品种选育、肉奶综合开发技术试验、饲养管理条件的改善、环境与疫病防控、市场营销、肉牛产业化的延伸，都离不开县委、县政府的高度重视，每一位县委书记、县长，都一任接一任坚持引深发展抓养牛，从而使和顺养牛业始终保持活力，初步形成了生态养牛链条式发展的模式。和顺历届县委、县政府领导对养牛业的奉献，和顺农民得到了最大的实惠，农民养牛纯收入占到农民人均纯收入的49.19%。

（二）政策到位，狠抓母牛促发展

养牛业与其他养殖业相比，其周期长、见效慢、效益高。和顺县根据不同时期的发展进程都出台了相关的鼓励政策和发展措施。如创建了山区扣膜养牛园区，改变了山区冬春露天养牛的习惯，受到了县委、县政府的高度重视，县政府出台了给予建设养牛小区补贴的政策。近年来，在耕牛转向肉牛，母牛转向单一繁殖的转型期，县委、县政府出台了，“每产1头犊牛补给200元混合饲料，添盐砖一块；从外地新购进一头母牛一次性补给1 000元；凡新增一头小母牛补给600元”。这些政策都有效稳定和促进了母牛群的发展。

（三）建设园区，健康养殖促发展

跨入2000年以来，和顺县把建设养牛园区与扶贫开发、新农村建设同步进行，2008年以来，每年拿出1 000万元用于养牛园区建设和鼓励母牛的发展。在养牛园区建没上统一规划设计，统一牛舍标准，统通路、通电、通水，统一绿化、美化、硬化、无害化处理，统一饲养标准，统一消毒程序。按照“六统”做到了养殖园区标准化，养牛品种优质化，疫病防控法制化，饲养管理规范化，进出产品无害化。

（四）体系健全，科技支撑促发展

和顺县40余年在牛业发展上，始终把母牛繁育体系建设作为基础工作来抓，做到了“四个坚持”，坚持“冻精”统一调配，坚持“输精员”队伍统一管理（由财政支付工资），坚持县、乡、村三级办站，坚持一个标准考核奖惩，确保了服务队伍稳定、品种来源清楚、服务手段不断提高。

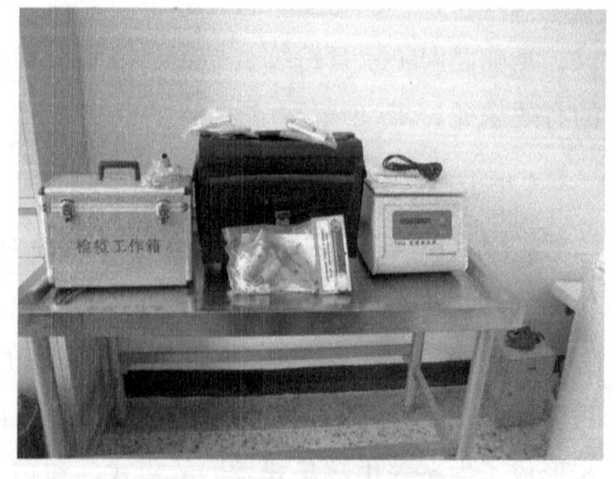

基层兽医站的设备

第四章　产业发展

为了彻底改变和顺养牛业现状，和顺县委、县政府依靠科技创新，立足资源优势，在农业部、省、市有关专家的鼎立支持下，于 1973 年率先引进西门塔尔牛等的“冻精”进行改良试验，在和顺掀起了一场声势浩大、影响深远，被称为全县农业“黄色革命”的黄牛改良工作，使全县养牛业逐步实现了由传统到现代，养牛业经济由单纯役用成长发展为农民致富的主导产业的历史巨变。1973 年，和顺县被列为全国首家黄牛改良示范县；1978 年，被列为全国首批商品牛基地县；1990 年，被国家科委、中国农业科学院列为中国西门塔尔牛选育基地县。随后，和顺西门塔尔牛通过农业部门和中国西门塔尔牛育种委员会品种鉴定，被确定为中国西门塔尔太行山类群——和顺牛，其肉、乳、役主要生产性状优良，适应性强，基本达到纯繁西门塔尔牛要求；良种覆盖率达到 100%；牛群结构能繁母牛占 70% 以上。“肉、乳、役、牛群结构、良种覆盖率”等五项指标均属全国领先水平。

第一节　政策措施

近年来，和顺县连续制定出台了多项养牛业扶持政策。2001 年，和顺县委、县政府将养牛业确定为全县六大优势产业之一，肉牛为七大优势产品之首，制定出台了养牛业“五优先”优惠政策；2005 年，制定出台了推进养牛产业化开发的十项优惠政策；2008 年，进一步确立了现代化养牛业建设发展方针和目标，并加大了资金扶持力度，对母牛养殖、小区建设、规模场户、饲草

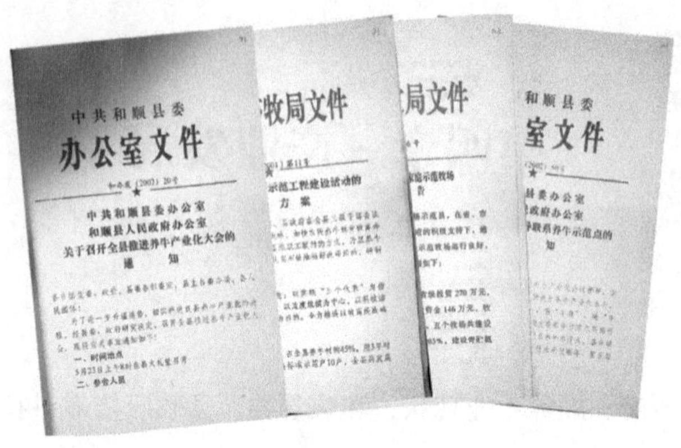

料建设等方面进行现金直补，并确保所有补助全部兑现。政策的支撑和资金的扶持，使养牛业始终能够处在全县科技推广最前沿。脱贫攻坚以来，出台了各项扶贫政策都有养牛业的倾斜。

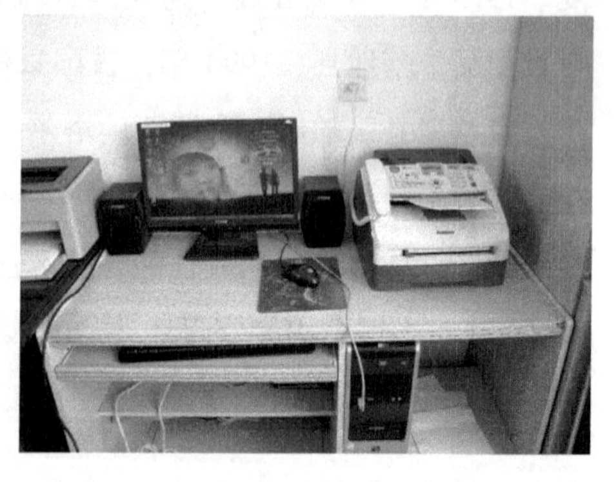

和顺县从“拓市场、保体系、稳队伍”入手，始终注重繁改、防治、营销体系的稳定和发展，保障对群众的市场、技术、培训等服务不缺失。从硬件抓建设、网络抓巩固入手，保持技术服务体系建设不散架、有作用。全县以服务半径为依据，保持了原有 15 个基层改良站、兽医站、防疫监督站建制，并于 2008 年对其中 14 个基层站进行了新建，同时配齐了仪器设备，更新了办公设施，大幅提升了全县基层改良、畜牧、兽医服务体系的繁改、医疗、化验、检疫、信息化水平。设立 48 个黄牛改良输精站点，形成了完善的县、乡、村三级改良、防疫、营销网络，全面覆盖县境养牛业。

科技创新的关键在于养殖户综合素质的提升。和顺县广泛开展农民素质提升工程，通过持续不断的上门入户现场培训，真正做到了养牛基础知识的家喻户晓，做到了全县养牛户懂科技、用科技，家家有一名科学养牛“明白人”，科学养牛已成为广大养牛户的自觉行为。此外，和顺县还根据实际，全面普及应用“舔盐砖、虫克星、饮温水、青贮料、补夜料、扣膜圈、苜蓿草、防疫针”等八项实用技术，全面提高了养牛业的科技应用率，促进饲管方式由传统向现代的转变，使优种得以优育，效益得以提升。

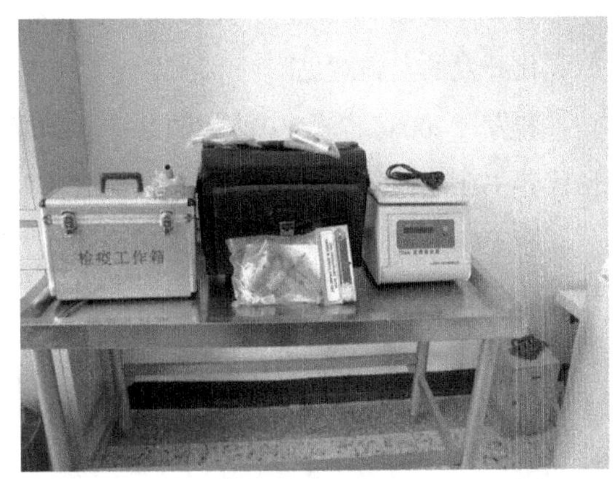

健全基层兽医站软硬件

县委、县政府根据肉牛业发展的进程，通过组织调查，深入研讨，反复论证，提出了“建设农畜产品加工基地”的“五地”建设战略重点。利用“六个效应”提升和顺牛繁殖、育肥、高质、高效发展。

一、和顺县发展养牛业的政策文件

和办发〔2002〕29号和顺县人民政府办公室《关于成立和顺县推进养牛产业化工作领导组》的通知。

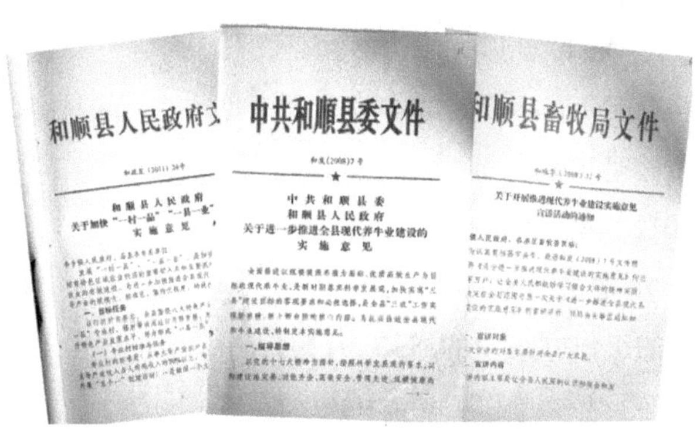

和发〔2005〕33 号 中共和顺县委、和顺县人民政府《关于推进全县养牛产业化开发的实施意见》。

和发〔2008〕7 号 中共和顺县委、和顺县人民政府《关于进一步推进全县现代养牛业建设的实施意见》。

和养牛组发〔2009〕1 号《关于 2009 年全县现代养牛业建设工作的意见》。

和养牛组发〔2009〕2 号《2009 年度养牛业财政专项扶持资金使用和管理办法》。

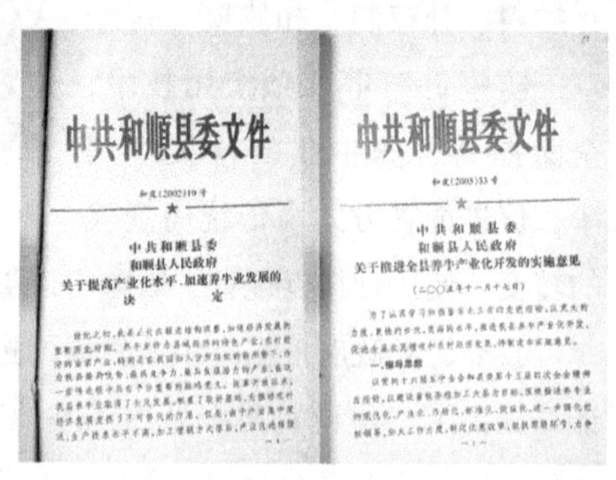

中共和顺县委文件

和发（2002）19号

中共和顺县委
和顺县人民政府
关于提高产业化水平、加速养牛业发展的
决定

中共和顺县委文件

和发（2005）33号

中共和顺县委
和顺县人民政府
关于推进全县养牛产业化开发的实施意见

和办发〔2009〕11 号和顺县人民政府办公室《关于成立县推进现代养牛业建设工作领导组》的通知。

和养牛组发〔2010〕1 号《2010 年度养牛业财政专项扶持资金使用和管理办法》。

和养牛组发〔2010〕2 号《关于 2010 年全县现代养牛业建设工作的意见》。

和政办发〔2011〕116 号 和顺县人民政府办公室关于印发《和顺县推进现代养牛业建设工作财政专项扶持资金使用和管理办法》。

〔2011〕第 13 次 和顺县政府常务会议纪要关于推进现代养牛业财政专项扶持资金使用和管理办法。

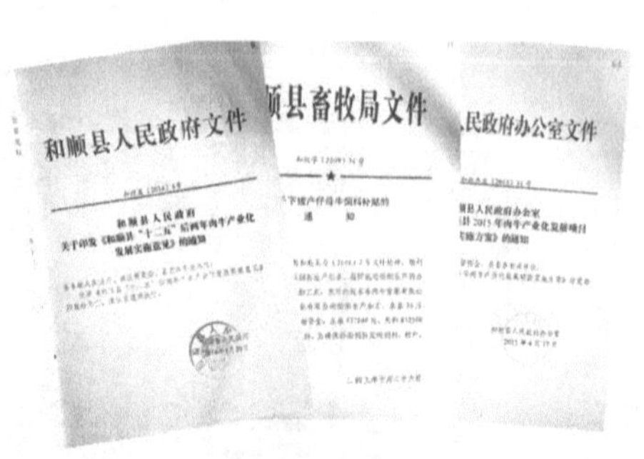

和顺县人民政府文件

和政发〔2012〕48 号和顺县政府关于印发《进一步推进全县“一县一业”养牛业建设的工作方案》的通知。

和政发〔2014〕4 号《和顺县人民政府关于“十二五”后两年肉牛产业

化发展实施意见》。

和养牛组发〔2014〕1号《“十二五”后两年肉牛产业化发展扶持奖励办法》。

和养牛组发〔2014〕2号《“十二五”后两年肉牛产业化发展生产目标考核办法》。

和养牛组发〔2014〕3号《“十二五”后两年饲草业发展实施方案》。

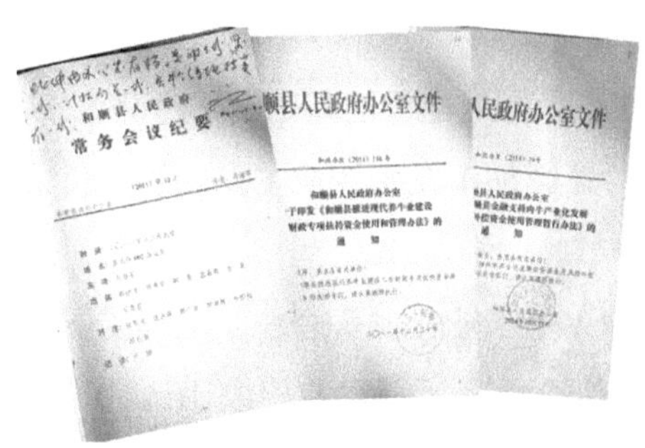

和政办发〔2014〕74号《和顺县金融支持肉牛产业化发展信贷资金及风险补偿资金使用管理暂行办法》。

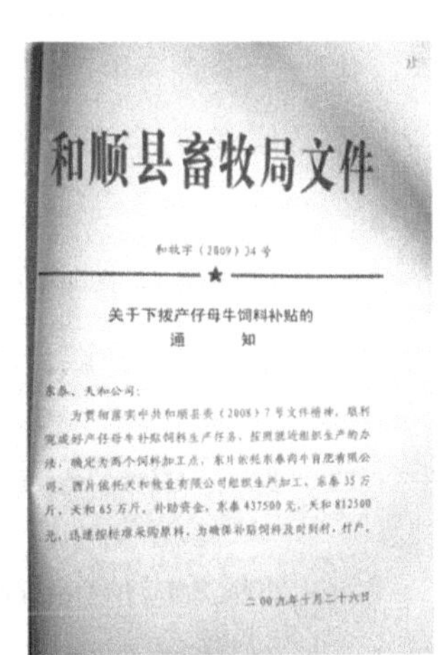

和顺县畜牧局文件

和牧字（2009）34号

关于下拨产仔母牛饲料补贴的
通　　知

东泰、天和公司：

为贯彻落实中共和顺县委（2008）7号文件精神，顺利完成好产仔母牛补贴饲料生产任务，按照就近组织生产的办法，确定为两个饲料加工点，东片依托东泰肉牛育肥有限公司、西片依托天和牧业有限公司组织生产加工，东泰35万斤，天和65万斤，补助资金，东泰437500元，天和812500元，迅速按标准采购原料，为确保补贴饲料及时到村，村户，

二00九年十月二十六日

和政办发〔2015〕25号和顺县人民政府办公室关于印发《和顺县2015年“一村一品”建设实施方案》的通知。

和政办发〔2015〕31号和顺县人民政府办公室关于印发《和顺县2015年肉牛产业化发展项目实施方案》的通知。

和政发〔2015〕16号和顺县人民政府关于印发《和顺县创建农产品质量安全出口（肉牛）示范区实施方案》的通知。

和政办发〔2017〕113号和顺县人民政府办公室关于印发《和顺县“太行云牛”品种审定工作实施方案》的通知。

二、和顺县发展养牛业的优惠政策

1. 各类扶贫资金、以工代赈资金、信贷资金以及项目回收资金捆绑起来，集中扶持养牛业发展。

（1）对于5头母牛养殖户提供小额信贷贴息扶持；

（2）对于中等规模的养牛户及家庭牧场采取小额信贷贴息和补助资金相结合的办法扶持；

（3）对于村级养牛示范园区建设的基础设施建设部分以补助资金形式扶持；

（4）对规模较大的育肥加工龙头企业主要以扶贫信贷资金和申请产业化龙头立项扶持为主。

2. 对新建和扩建的养牛产业化龙头企业，除享受国家有关扶持政策外，三年内对新建或扩建部分按企业上所得税的相应比例给予奖励，用于企业自身的积累和发展。

3. 凡涉及龙头企业建设和农户养牛场建设所需物资、用水、用电以及农膜、化肥、柴油等生产资料，要优先安排，保障供应。

4. 凡属龙头企业的占地、养牛小区建设、规模养牛户养牛用地要给予优惠。

5. 凡用于发展养牛业、建立家庭先安排牧场的“四荒”，拍买优先、价格从优，实行谁购买、谁治理、谁受益的原则。

三、政府重视支持，技术服务给力

——地标效应：“和顺肉牛”由和顺县人民政府在国家质检总局注册了地理标志产品，为净化和顺肉牛产品，调动农民养牛的积极性，起到了安全生产的地区效应。

——企业效应：县政府创优环境引企业，畜牧部门创优服务促发展，牛协会全程服务抓助推，从而使一批外来企业入驻和顺，如龙旺肉牛有限公司很快成为山西省乃至全国的知名肉牛加工企业；天和肉牛有限公司、绿和生态牧业

和顺肉牛地理标志产品保护专家审查会

科技有限公司成为山西省知名的供港活牛龙头企业；宏泰牧业有限公司、德牧公司等肉牛繁育公司成为市级龙头企业。和顺县银河湾农牧科技有限公司为省级龙头母牛繁育企业，为牵动和顺肉牛的转型发展发挥了带头作用，起到了龙头带农户的企业效应。

——名人效应：和顺县银河湾农牧科技开发有限公司聘请的中国畜牧业协会牛业分会会长许尚忠先生等知名专家，国家和省、市领导、专家经常深入和顺县调研肉牛的发展状况，指导肉牛的发展战略，和顺县在中国畜牧行业涌现出的先进人物等，和顺县各媒体都广泛宣传，他们具体的咨询和指导为和顺肉牛的转型、跨越发展指明了方向，起到了引领发展、普及科技的名人效应。

——文化效应："太行云牛"文化源远流长，历史的"牛郎织女文化之乡"被列入中国非物质文化保护遗产，现代的"天和牛美食""牛协赛牛会"从"银蹄蹄，白脸脸，牛劲耕出责任田"对西杂牛的称赞，到"念牛经、唱牛戏、使牛劲、发牛财"的颂歌，再到"家有五头牛，小康不发愁"的目标，都为和顺县发展肉牛业沉积了有激情、有感召的牛文化起到了文化提升养牛科学素质的文化效应。

——政策效应：在和顺牛进入良种繁育、优质生产、高质量产品加工的攻坚阶段，和顺县政府每年从县财政出专项资金用于肉牛业的良种繁育补贴、饲料加工补贴、青贮饲草补贴、农机具补贴等，同时将扶贫、农业等发展资金捆绑使用，重点用于肉牛园区标准化建设和增牛增量，起到了政策助推肉牛产业的持续发展，使养牛业做到了组织在“社”，饲养在园，股权在户，起到了政府重视，资金撬动的政策效应。

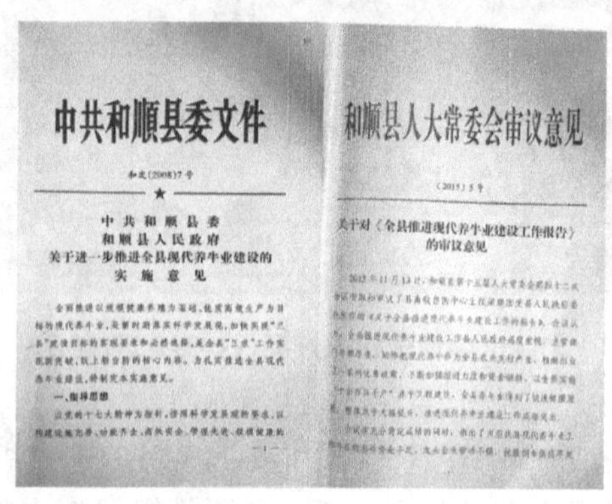

中共和顺县委文件

和发〔2008〕7号

中共和顺县委
和顺县人民政府
关于进一步推进全县现代养牛业建设的
实施意见

一、指导思想

和顺县人大常委会审议意见

〔2015〕5号

关于对《全县推进现代养牛业建设工作报告》
的审议意见

回眸和顺县肉牛业的发展，经历了黄牛改良→品种筛选→品种选育→改变粗放→形成品系→开发产业等六个阶段。目前已进入高质量、高效益、良种化的培育期，实施良种繁育，优质产量加工的攻坚阶段。为有效把握发展机遇期，县委、县政府出台了《关于进一步推动全县现代化养牛业建设的实施意见》，提出了建设“农畜产品加工基地”的战略构想。引进人才提供肉牛开发技术。和顺县近年来在引进科技人才上，做到了长聘与短期服务结合，住场指导与短期培训相结合。全国牛业分会会长、养牛专家许尚忠先生，山西省畜牧兽医研究所杨效民先生，全国肉牛专家曹兵海先生等都为和顺县肉牛业的发展作出了重大贡献。政府扶持不动摇，突出现代化肉牛产业建设；坚持各级党政主要领导抓养牛不动摇，突出肉牛繁育目标绩效考核；坚持肉牛产业化发展不动摇，突出打造农畜产品加工基地。充分体现了和顺县委、县政府打造全国高标准肉牛基地的决心和信心。

为了全面实施养牛富民、育牛强县的发展战略，根据和顺县养牛业发展的情况，政府在五个方面进行了工作。

1. 继续强化领导，明确年度目标

畜牧业，特别是养牛业，在和顺县已形成主导产业，继续强化领导非常必要。在县级要成立养牛产业发展领导组，各乡镇要抽一名副书记或副乡（镇）长专抓养牛业，要把养牛业作为各级政府的政治工程、经济工程和富民工程来抓，作为考核和任用干部重要依据。

2. 创新机制，面向市场搞好技术服务

在机制的创新上要尽快组建“太行牛开发集团”，按项目进行分离管理，形成外连市场，内连农户，龙头企业带动的运行机制；在技术服务上进一步推行技术承包服务，达到产前、产中、产后的跟踪服务。在发展上，要努力提高母牛受配率、受胎率、产仔成活率，强化名种培育，大力推广肉牛育肥和母牛挤奶技术，努力使肉牛加工和鲜奶加工创出品牌，打入国际、国内市场。

政府扶持建设养牛园区

3. 加强草地管护，合理利用资源

目前和顺县大力发展养牛业面临的主要困难是草坡资源的减少和退化，造成这种问题的主要原因是牲畜数量的增加和只利用不建设，所以在今后草山管护和建设上要坚持两条腿走路的方针，即边利用、边建设。一要以政府行为进行宏观调控，争取列项建设草坡，同时在本县要建立草坡改良基金制度，就是要根据养牛品种和数量，确定收取草山基金。二要充分发挥村委会的作用，组织农民有计划地改良和补播大自然草坡，递增速度不低于5%，同时要积极组织牧工开展轮牧，确定休闲禁轮区、轮牧区、改良区。三要以乡政府对草山草坡退化严重的地带和退耕还草地带组织一定的集中会战工程，实行集体建设，分户使用，分户管理。四要依照《中华人民共和国草原法》制定相关政策加快草地的建设步伐。

4. 加大养牛业资金的投入力度

县政府要多方筹措资金，争取项目贷款、农行贷款、扶贫资金、专项资金等集中用于发展养牛，要把育名种、创名牌作为振兴和顺经济的亮点抓紧抓实。

5. 加大养牛业政策和措施的落实力度

在实践中，和顺县许多养牛业的优惠政策如优先批给地基、优先贷款、优先计生指标、优先木材供给、优先购买“四荒”的五优先政策；对坚持自繁自养发展母牛在20头以上或自筹资金育肥牛在200头以上的农户，县政府要以投代奖，不少于5 000元的奖励政策等都对养牛业的发展起到了积极的促进作用，今后要充分利用行政引导，政策扶持的作用，充分发挥龙头企业和养牛协会的作用，面向市场，以育名种牛、创名牌产品为契机，进一步开拓国际、国内两大市场，为把和顺县建设成为中国西门塔尔牛太行山区类群基地而努力奋斗。

四、养牛业调整和农村经济结构

（一）养牛业在和顺县农村经济中占据的位置

牛，在和顺县历史上作为“农家之宝”，主要是为了耕田，特别是在我们山区，是推进农耕生产力的奉献者。随着农业机械化的发展，牛又作为奉献者，在仅用于耕田的基础上，和顺县首次引进了国外名种牛和先进技术进行改良，历史上称为畜牧史上的一次“黄色”革命，带动了和顺县种植业的“白色”革命，那就是推进了地膜覆盖。回眸和顺县养牛业的历史，就是和顺县农民生产与生存环境博弈的历史，是和顺县农业结构不断优化的历史，是和顺县

马坊乡寺头村养牛园区

双列式牛舍

农村经济逐步走向繁荣的历史。在近年来，全国农村经济收入减缓的情况下，和顺县养牛业的产值和收入依然以9%和8%的速度增长。实践证明，养牛业在和顺县农村经济中已占据了不可替代的作用，按照国家要求一个产业要占据当地30%以上的份额要求，已达到其标准。可以说，养牛业在和顺县农村经济发展中已占据绝对优势。全县上下对养牛业在认识上不断深化，在实践中不断升华，在发展上不断创新，这就是我们要围绕养牛搞调产的主要依据。

（二）养牛业具有客观存在发展的必然性

人类社会发展的历史，就是人类不断改造世界，发展自身的实践史。养牛业，之所以有它客观存在的必然性，首先是当地广大农民通过实践充分认识到这个产业是自己的当家产业；之所以有发展的必然性，是因为它具有独特的发展空间和优势。

1. 自然的地理地貌为发展养年业奠定了基础

众所周知，和顺县国土总面积337.4万亩，其中宜牧面积174.3万亩，为牛的夏秋放牧提供了牧草资源；和顺县有25万亩农田，其中10万亩左右是玉米和谷子，为养牛业提供了冬春的饲草，这是自然环境为发展养牛业所造就的。

2. 优良的牛种结构为养牛业增添了后劲

目前，全县存栏的牛已基本形成中国西门塔尔“太行云牛”繁殖群体，从品种优势看，它具有肉乳兼用的生产性能，和耐粗饲、善爬坡的生活特点，以及育肥快、出肉率高，母牛产奶性能好的优势。从牛群结构上讲，母牛存栏占到存栏牛总量的90%，这是我们发展养牛业的最好基础，也是加速发展的后劲所在。

3. 市场需求拉动着和顺县加速养牛业发展的步伐

“太行云牛”从改良到形成一个繁殖群体，从繁殖群体形成了一个开拓市场的产业，是历经40余年全县上下各级干部和广大群众共同努力的结果，在市场上享有较高信誉。国内国外两个市场对农产品的供求关系已由数量制约为主，转变为质量和品种为主，其发展的速度已由资源制约为主，转变为受市场制约为主。在我们面临激烈的市场竞争中，牛具有很强的竞争优势：一是国际市场上对牛肉的需求量逐步增加；二是从国内市场上购养活牛的客户越来越多；三是从价格上稳中有升。近期内波动不会太大，所以说市场对和顺县发展养牛业的拉动力之大是无可比拟的。

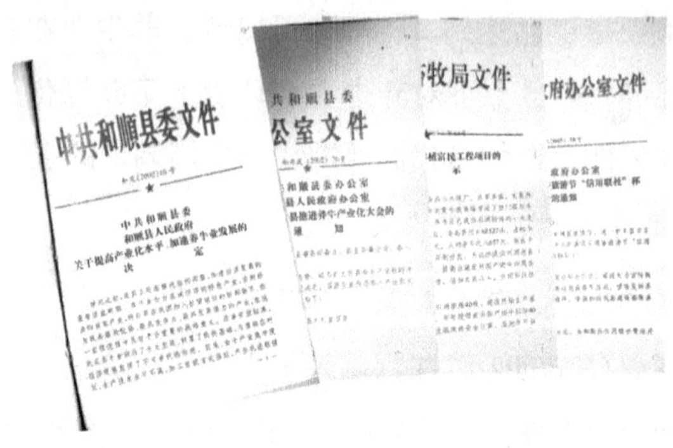

4. 发展养牛的环境好吸引着社会资金的投入

一直以来，和顺县为了推进养牛产业化的进程，组织各乡镇和养牛大户到外省、县进行了参观考察，聘请中央、省、市有关专家对发展“太行云牛”产业化进行了专题座谈，召开了县、乡、村、户千人推进“太行云牛”产业化动员大会，出台了一个“决定”，一个“规划”和六个配套文件，这些大的动作在社会上引起强烈的反响，许多县外经营企业家慕名而来和顺县兴办牛场。县内的民营企业家已纷纷要求兴办牛场，这充分证明了和顺县发展养牛业无论在

政策环境，还是在经营环境中都形成了良好的氛围。

5. 发展养牛业产业链长，牵动面广

养牛业不仅能够把自然资源转化为商品；而且可以转化农作物秸秆，牵动饲料工业的发展；可以牵动种植结构的调整，保证种植业的比较效益；随着饲养总量的不断增加，还可以有效地安排农村的剩余劳动力，促进社会稳定。所以说，围绕养牛业调整农村经济结构既有其理论性；又有实践性；既能扩大市场的占有面，又能关连到县城经济的整体发展。这就是养牛业客观存在与发展的必然性。

（三）发展养牛业的潜力大，是我们广大干部代表最广大人民根本利益义不容辞的责任

总结和顺县过去养牛业的成功经验，针对目前养牛业发展的现状，其发展的潜力可以概括为这样一个思路，那就是围绕养牛业，安排种植业，调整种植业，促进养牛业，突出饲草业，发展加工业，构建粮、经、草三元结构，加快农村经济结构的调整。具体讲要抓好以下方面工作。

青饲玉米种植

一要抓好点面结合，让广大农民通过养牛得到更多的实惠。所谓“点”，

就是我们总结出的四种发展模式，即“五头牛繁殖户、养牛园区、家庭牧场和骨干牛场”，要培养他们在养牛业上加大科技的渗透力度，带动和辐射广大养牛户提高养牛的质量。所谓“面”，就是要充分发挥千家万户小群体大规模的优势，让最广大的农民通过养牛得到更多的实惠。

二要抓好退耕还林（草）工程，为养牛业奠定饲草基础。牛属草食动物，没有足够的饲草供给，扩张规模只是一句空话。为此，我们在抓退耕还林（草）工程中，要坚持林草结合，草跟牛走，使其通过还林（草）工程的实施，为养牛业创造更大的发展空间。

三要抓好种植结构的调整。要围绕养牛业全面实施种植“青玉米”战略，种植二亩青玉米就是一头牛的冬、春舍饲草，二亩玉米收入 1 000 元左右，而生产一头犊牛收入就是 1 500 元左右，并且省事省工，还能保证市场销售。

四要大力发展民营养牛大户。要充分利用和顺县的产业政策，宣传和发动民营大户投身于养牛事业，以他们的先导和示范作用推进全县养牛业的大发展。

五要抓好“龙头”企业的建设与管理，逐步培养他们联结农民、服务农户的理念，使企业既要瞄准销售市场，又要瞄准收购市场，真正把企业办成富民强县的骨干企业。

六要抓好品种的鉴定和品牌的确定，使和顺县的“太行云牛”尽快投入国内国际的标准市场。

七要抓好安全生产，要坚持预防为主，加大检疫力度，确保和顺县的“太行云牛”及其产品在市场上不断发展、巩固和壮大。

养牛业涉及千家万户，面临着市场的千变万化，也面临着质量和安全的严峻挑战，如果说农民是发展养牛产业化的载体，那么我们各级干部就是保证养牛业发展的重要力量。目前，我国正在围绕实现中国梦而努力。2019 年，和顺县已经实现整县脱贫，全县上下已经融入中华民族实施伟大复兴的战略部署之中，乡村振兴战略的不断推进需要“太行云牛”这样的品牌性产品。“太行云牛”也能够承担起这个“伟大战役”的历史使命。

第二节　产业兴起　产业扶贫

“十企百区千户”养牛工程是养牛业发展史上的一个重要发展事件。早在2009年，和顺县就认识到养牛业是一个循环发展链条。企带户、户推企互为因果，“十企”建设旨在提升养牛业产业版块，延伸产业链条，带动和促进农户发展养牛业，提高全县养牛业的效益。具体内容是指：“百区”建设是推进规模健康养殖和转变饲养管理方式的载体，目的在于提高全县养牛业的质量和水平；“千户”建设既是全县养牛业发展的基础工程，也是养牛工程建设的根本目的，即让千千万万个农户发展养牛业，并通过养牛业的发展发家致富。“十企百区千户”养牛工程的实施极大地激发了农民的养牛积极性，撬动了社会投资。全县的“十企百区千户”工程实施以后，全县繁育体系建设、标准化养牛小区建设、育肥加工龙头企业建设进展顺利。截至2009年6月底，全县外购和繁殖新增母牛2 680头，新建养牛小区7个，改造养牛小区17个，大型育肥加工企业，除东泰、大友、天和等三个企业正常运转外，又有德牧、龙旺等两个企业先后投资开工建设两个育肥牛场和一个年屠宰1万头肉牛的肉牛屠宰加工厂。以“十企百区千户”养牛工程为主要抓手的畜牧业发展态势良好。据统计，2009年上半年全县存栏牛66 150头，比去年同期增加9.1%；出栏牛15 372头，比去年同期增加8.0%。除养牛业外，猪鸡等主要畜禽养殖也呈蓬勃发展之势，截至2009年6月，全县猪存栏12 100头，出栏5 417头，存栏鸡194 352只，禽蛋产量111万千克，上半年人均畜牧业收入573元。

养牛业的发展特别是肉牛育肥业的发展，带动了青饲种植业的开展。2019年由育肥企业和合作社牵头开展的订单青饲种植面积突破了5 000亩。大友牧业有限公司，依托温源村温泉饲草合作社，种植青饲玉米1 300亩，东泰肉牛育肥有限公司与育肥场周边五个村的农户签订定单种植2 600亩，天和牧业有限公司与育肥场周边三个农户签订定单种植1 200亩。青饲种植的优势和效益明显，具体体现在以下三个方面：其一是解决肉牛育肥企业饲草来源和提高饲草品质的好途径；其二是提高土地种植比较效益的好选择；其三是克服和顺县春旱少雨，无霜期短等气候特点影响大田玉米早播、成熟问题的好办法。据测算，每亩青饲玉米可收入1 000元以上，比种植大田玉米每亩增收300元以上。“十企百区千户”工程的实施，对于和顺县畜牧业发展起到了积极的推动作用。老百姓从中得到了真正的实惠。和顺县养牛业的框架得到了发展完善，社会服务体系更趋于合理。大家对于养牛业的重要性有了直观的认识。

一、产业兴起

（一）推进养牛产业化发展

2002年5月在和顺县推进养牛产业大会上，县委书记代表县委、县政府作了题为《坚持市场化取向，形成产业化格局，全力实现和顺县养牛产业发展的历史性跨越》的工作报告。报告对全县养牛业发展历程和经验进行了科学总结，对存在的问题和面临的形势进行了理性分析，在此基础上，明确提出了全县养牛业发展的指导思想、总体产业发展面临的形势。

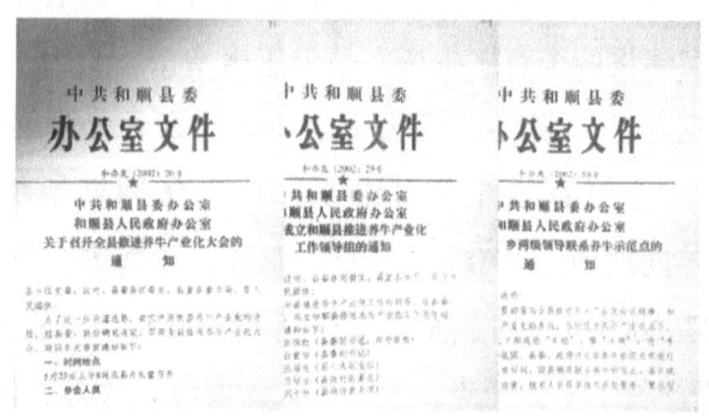
中共和顺县委
办公室文件
★
中共和顺县委办公室
和顺县人民政府办公室
关于召开全县推进养牛产业化大会的
通　知
一、时间地点
二、参会人员

中共和顺县委
办公室文件
★
中共和顺县委办公室
和顺县人民政府办公室
成立和顺县推进养牛产业化
工作领导组的通知

中共和顺县委
办公室文件
★
中共和顺县委办公室
和顺县人民政府办公室
乡两级领导联系养牛示范点的
通　知

1. 增加收入压力大

和全国一样，近年来，和顺县农民收入增长速度减缓，增收途径不多，成为我们发展农村经济的首要问题。有专家指出，增加农民收入有三条途径：一是对农业结构进行战略性调整，促进农村经济发展；二是减轻农民负担；三是减少农民数量。和顺县地大人少，人口居住分散，经济集中带不明显的县情，农民重土不离乡的心理，决定了我们在短期内不可能依靠加快城镇化减少农民数量。减轻农民负担虽然还有文章可做，但毕竟是有底线的。所以，增加农民收入，主要靠调整农业结构，发展农村经济。发展农村经济，增加农民收入这篇文章从哪里做起？就必须找到具有比较优势和核心竞争力的产品和产业。而和顺县具有核心竞争力的产品与产业是养牛业。所以，和顺县增加农民收入的希望在养牛，出路在养牛，最现实的选择在养牛。

得天独厚的天然牧草

2. 加快发展机遇多

和顺县种植业中的主要品种——玉米，由于种种原因，生产成本偏高，比国际市场高30%以上，作为商品粮总体上缺乏竞争优势；蔬菜由于气候和运输的原因，制约因素较多。而畜产品国际国内市场需求量大，且从和顺县情况看，更主要的是具有成本上、价格上的优势。国际市场牛肉和羊肉的价格分别比国内高出88%和54%。但是养羊业的发展不能以牺牲我们的生存和发展环境为代价，而改良品种，舍饲圈养，无论从观念上、习惯上，还是投入、技术上，我们还有相当长的路要走。更主要的是它不能惠及全县农户，对脱贫致富的普遍意义不大。这样看来发展养牛业就是增加农民收入的最现实可能的选择。我国有五大肉牛品种是西方国家没有的，其中就有我们经过改良的西门塔尔牛，不仅在国内有广阔的市场，而且在国内国际市场有竞争的优势。这为我们养牛业的大发展提供了难得的市场机遇，提供了广阔的合作开发空间。

3. 天时地利条件好

和顺县山多坡广，水草丰茂，植被保存较好，发展养牛业有天然的条件。和顺县被列入国家扶贫开发重点县，定点扶贫单位是全国总工会，扶贫的重点是农业、工业和教育。对和顺县来说，养牛业就是“造血”产业，它上连千家万户，下连食品加工业，直接造福广大农民。所以，和顺县养牛业发展的外部条件比以往任何时候都要好。与此相呼应，省内外一些大的龙头企业集团也看好和顺县的养牛业。只要我们抓住机遇，创优环境，主动出击，变封闭式发展为开放式开发，和顺县养牛业就可以借船出海，做大做强。

和顺县城的“五牛园”

（二）和顺县养牛业的发展方向和任务

全县畜牧业紧紧围绕实施乡村振兴战略“产业兴旺”和“产业扶贫”的总要求，坚持“以牛为主、全面发展”畜牧业生产方针，以发展现代养牛业为抓手，强化组织领导，加大投入力度，创新发展模式，加强体系建设，实现了畜禽产品数量、质量和效益同步提升。呈现出：产业级次明显提升，龙头企业蓬勃发展，养殖条件显著改善，牛群结构日趋合理，服务体系日臻完善的特点。和顺县养牛业的发展方向是：一是突出资源优势，建设全省最大的优质西门塔尔母牛繁育基地，创建特色农产品（肉牛）优势区。二是强化肉牛育肥，打造绿色育肥肉牛基地，建设农产品质量安全供港活牛示范区。

养牛业的发展重点是：一是特色农产品（肉牛）优势区建设。就是充分发挥和顺县水草丰盛，母牛群体品质优良，有良好的养殖基础的优势，以提质增量、综合开发为原则，培育和发展“一乡一业”母牛养殖专业乡，“一村一品”母牛养殖专业村，培育乳品加工企业，开发奶产品为重点，推进繁育基地建设，提高母牛养殖效益。二是农产品安全供港活牛示范区建设。就是以天和、绿和两个供港活牛基地建设为依托，培育和发展20个规模育肥示范场，每年场均出栏育肥肉牛200头，示范、带动、引导全县养牛户，由出售架子牛的低效养殖向繁育—育肥相结合的高效生产方式转变。到2020年全县育肥出栏供港肉牛1万头。三是现代畜牧业产业园建设。就是引进国内大型畜牧业生产加工龙头企业，以“公司+基地（园区）+农户”为主要模式，发展集约化生产、工厂化管理的现代畜禽养殖业。四是饲草料基地建设。饲草饲料处于养牛产业链的首端，是养牛业发展的基础。要树立立草为业的观念，坚持改良与保护并重，开发与种植同步，加工与利用结合的原则，加强草山草坡建设。加大青饲玉米、紫花苜蓿等青饲作物种植和山野果实、饼粕类饲料、作物秸秆的开发和加工转化利用力度，扩大饲草饲料来源。支持建设专业化饲草生产、加工合作组织及大中型饲草料加工企业。

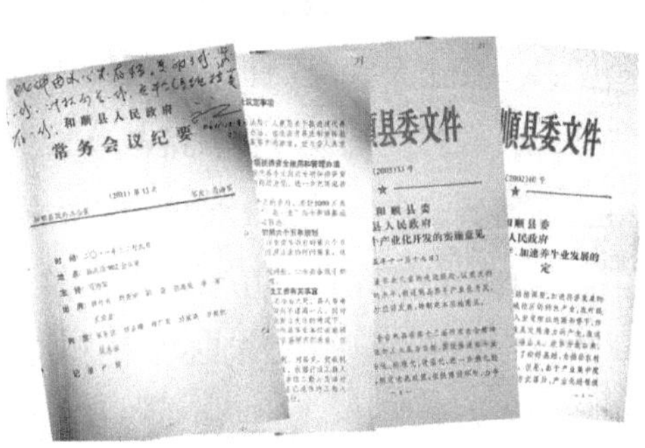

（三）推动养牛业跃上新台阶

1. 摆正观念抓养牛

观念决定思路，思路决定出路。更新思想观念，是加快全县养牛发展的前提。因此，我们必须首先更新和改变长期以来在养牛业上形成的一些传统观念，确立以产业化方式发展养牛业的指导思想。具体讲，一是彻底改变养牛是副业而不是主业的观念。长期以来，在和顺县有一部分干部群众的观念中，对养牛业的地位认识不高。认为种植粮食是主业，养牛是副业。他们中，根深蒂固的“养牛为耕田，养猪为过年，养鸡换油盐”的小农经济意识；养牛从属于粮食生产的地位，小打小闹，捎带经营。制约了养牛业的发展速度。养牛业要加快发展步伐，就必须进一步树立养牛业是主业、是农民的当家产业、是实现农村脱贫致富的支柱产业。二是要转变传统的农业指导思想，把过去的单纯以粮食生产为主的理念，尽快转向以养牛业为中心，围绕养牛业安排种植业的生产经营。以养牛业为杠杆支点来撬动农业结构的调整大业，以养牛业带动种植业增效增值。三是要把养牛业作为一项产业来办。无论是脱贫攻坚，还是目前的提质增效，美丽乡村建设，直至实现“中国梦”都离不开一个高效的增收产业。经过40多年的实践证明，“太行云牛”将不辱使命，为全县的发展“鞠躬尽瘁”。

2. 摆上位置抓养牛

全县把养牛业放到政治性、全局性、战略性的优势产业的高度去认识对待。县委提出要把全面提升养牛业作为增加农民收入、助推和顺县脱贫攻坚、加速全县农村经济发展步伐的战略措施去落实，并将其作为当前最大的政治任务去抓落实、求实效、出成效。大力发展养牛业，也是农业结构调整的中心环节。从种植与养殖的关系看，抓住养殖业，能够促进带动种植业。因此，今后讲农村结构调整，主要的还是要围绕养牛做文章，下功夫，这一点要非常突出。大力发展养牛业，是加快全县农村脱贫致富步伐的必由之路。近年来，历届县委、县政府都将养牛业作为县域经济的主导产业来抓，取得了明显的成效，加速了全县脱贫致富的步伐，将以牛为主的畜牧业放在了强县富民的战略

农户贮存青饲料

位置，必将进一步加快全县的脱贫进程。全县各级领导，一定要把抓养牛业作为加快农村脱贫的重要途径，一以贯之地抓下去。一句话，摆上重要位置、摆到突出位置。

3. 摆开阵势抓养牛

要加快全县养牛业产业化进程，全面提升养牛业，必须拿出超常规的措施，全方位、大力度地去抓。为此，县委、县政府曾出台了《关于提高产业化水平，加快养牛业发展的决定》《全县养牛业十年规划》《养牛业资金筹措管理办法》等一系列政策性规定。

第一，强化领导，落实责任。进一步加大工作力度，形成全县上下念“牛经”、唱“牛戏”、使“牛劲”的合力和氛围，正如最近山西日报记者所讲，让和顺县牛“牛”起来。在组织领导上，县委、县政府将成立推进养牛产业化领导组，各乡镇也要成立领导组，分管农业的领导要拿出很大的精力抓养牛工作。要建立县、乡、村三级干部发展养牛业任期目标责任制，明确任务和责任。要实行县四大班子领导和乡镇党政主要领导联系养牛示范村和示范户制度，以切实加强养牛工作的指导和领导。县委、县政府将对各乡镇的目标责任进行考评考核，在每年的全县三级干部会议上进行奖惩兑现。要把养牛工作实绩纳入干部考核内容，真正形成一级抓一级、一级向一级交账的约束激励机制。

第二，示范引导，科技创新。在市场经济的新形势下推进养牛产业，必须按照经济规律办事。号召农民群众养牛不能搞简单的强迫命令，而要注意搞好分类指导，搞好示范引导，要切实抓好养牛示范村、示范工程、示范户的建设，以此来影响和带动农民。切忌一哄而起，赶着鸭子上架，逼着农民发展什么，示范什么，引导什么？一是要引导农民逐步改变传统的放牧为主的方式，大力推行舍饲圈养的科学饲养管理技术；二是引导有条件的农户或企业办规模养牛业，追求规模效益；三是要大力推广农作物秸秆青贮、氨化技术。四是要以育品种、创品牌、争效益为目标，积极推行标准化生产，按照现代的生产经营方式组织生产经营，使和顺县的牛进入更为广阔的市场。五是要进一步加大实用技术培训力度。要健全县、乡、村三级科技推广体系，采取各种形式定期对广大养牛户进行实用技术培训，全面提高养牛户的科技素质。同时，我们还要顺应全县养牛业发展的要求，抓好饲料加工业的建设和发展，生产适应和顺县养牛业发展的饲料品种，向养牛户提供经济、优质、高效的饲料产品。

规模养牛场

第三，政策倾斜，加强服务。实行激励政策，搞好社会化服务，形成上下衔接、左右相连、互相配合的服务网络是加快养牛业发展的重要保障。首先，要狠抓资金的筹集工作，原则是实行多渠道筹集，多元化投入：一是要充分发挥农民投资主体的作用，鼓励和引导广大农民投资发展养牛业。二是要抓住和顺县被列为国家扶贫重点县的机遇，将各类扶贫资金捆绑起来集中向扶持养牛业倾斜。三是农业银行、信用联社等金融部门要强化为农服务意识，每年都要安排一定规模的养牛贷款，用于扶持龙头企业建设、养牛园区建设和规模户发展。四是要进一步创优发展环境，进一步扩大对外开放，千方百计地吸引县外客商来和顺县以独资、联办、股份合作等形式，投资发展规模龙头企业。五是要加强服务体系建设，搞好技术服务。总之将全县养牛业的社会化服务体系建设提高到一个新水平。

“喝着矿泉水，吃着中草药”长大的和顺肉牛

第四，点面结合，夯实基础。所谓“面”，就是要全面抓好一般养牛户、中小规模户的建设和发展，发挥千家万户养殖繁育的群体优势，逐步脱贫，并为全县养牛业实现大的规模扩张莫定坚实的基础。所谓“点”，就是要抓好存栏在百头、千头以上龙头育肥牛场的发展和建设，实行“公司+农户”，以规模养殖育肥带动和辐射千家万户养牛业的发展。总而言之一句话，把以五头母牛为模式的千家万户脱贫工程与规模育肥增效示范带动工程有机结合起来，走“分户繁育，规模育肥，龙头带动”的产业化开发之路，形成一般养牛户、规模大户、养牛园区、育肥牛场“四位一体”的饲养格局。

第五，龙头带动，打响品牌。推进养牛业产业化经营必须抓住龙头企业，办好龙头企业。有了龙头企业才能在经营上实行龙头带基地，基地连农户，农户进市场。龙头企业就是市场经济的制高点，就是养牛业产业化经营的突破口。扶持龙头企业，龙头企业首先要按标准化组织生产经营，实行品牌战略。目前，和顺县养牛业的现状是，有好的牛品种和自然条件，但我们品牌意识不强，宣传跟不上，营销手段落后，优质产品转化不成名牌产品，直接影响了生产经营规模的扩大和效益的提高。下一步，我们要在取得国家有关部门认定的基础上，想法注册和顺县自己特色的牌子，并打响品牌。龙头企业要积极推行“公司+农户”的经营模式，大力发展订单养牛，与农户通过契约或合同的形式结成利益共同体。

县委、县政府发展养牛业推进产业化的决策，上符中央政策、市场形势，下得广大农民拥护。全县上下要统一思想，形成共识，开拓创新，狠抓落实，努力把全县养牛业产业化推向一个新的阶段。

二、产业扶贫

（一）牛业在农民脱贫致富中的地位

养牛业作为一项主导产业，在和顺县农村经济的振兴和农民增收中发挥了不可替代的作用，具有独特的位置。特别是改革开放以来，在全县脱贫致富的探索和实践中，养牛业的作用日益明显，“养牛驱穷”“养牛致富”不仅成为大多数农民自觉实践，同时也成为全县干部群众的广泛共识。可以说，养牛业在很大程度上代表了和顺县农村经济的发展水平，承载着全农村经济发展和希望。在40余年黄牛改良中，有的农民赶着黄牛告别了贫困，有的农民赶着黄牛奔向了小康，从一个品种到一个产业，再到一个当家产业。从养牛为使役，到养牛为致富，再到“五头母牛繁育”脱贫模式，这些历史的跨越，在全县脱贫致富的进程中发挥了重要作用。和顺县农民素有养牛习惯，长期以来，养牛业形成了“小群体，大规模”的生产格局。按现在市场价计算，购一头能繁母牛价格9 000元，第二年产仔，如是小公牛，6月龄可出售，收入6 000元；如是小母牛，6月龄可出售，收入7 000元；如进行肉牛育肥，买一头架子牛需款5 000元，育成后出售收入12 000元，除去饲料成本，育肥一头牛可增收3 500元。

总之，养牛业是农民脱贫致富的“造血”产业，它上连千家万户，下连食品加工业，直接造福广大人民。

带子成年母牛

（二）发展养牛业的优势条件

从和顺县的客观条件来看，多年来形成的支柱产业是煤、林、牧。煤对于增加县里的财政收入无疑是大头，但对普通农民说，只有少数有煤农村能够得利，其余多数农民沾不上光。林业主要体现生态效益上，短期内大幅度增加农民收入不可能，而养牛则完全不同，它不仅投资少、见效快，而且村村户户都能养，而和顺县人又有 40 余年积累的经验，加之广阔的天然牧坡，因此，和顺县农民增收的希望在养牛，出路在养牛，最现实的选择也在养牛。畜产品在国际或国内市场需求量大，国际市场牛肉和羊肉的价格分别比国内高出 88%和54%。但是养羊业对环境破坏太大，而改良品种、舍饲圈养，无论从观念上、习惯上，还是投入、技术上，我们还有相当长的路要走。这样看来，发展养牛业就是我们应对加入世贸组织、参与两个市场竞争、增加农民收入的最现实的选择。我国有五大肉牛品种是其他国家没有的，其中就有我们经过改良的西门塔尔牛，不仅在国内有广阔的市场，而且在国际市场有竞争的优势。这为我们养牛业的大发展提供了难得的市场和广阔的合作开发空间。

（三）发展养牛业在脱贫攻坚中的作用

2017 年全县畜牧业主要依托畜牧扶贫项目，发展畜牧产业，助推脱贫攻坚。按照《脱贫攻坚行动计划》，着力实施了畜牧养殖稳定脱贫工程。全年共实施89个畜牧扶贫项目，扶持发展养牛项目58个，其中扶持以村集体或以村集体组织的合作社新建或扩建养牛园区项目42个，项目受益面积大，申报资料显示带动贫困户1 248户，人均增收1 845元，同时也解决了肉牛在村内造成的环境污染问题。纵观和顺县畜牧业生产形势，以牛为主的畜牧业始终保持了持续、稳定、健康发展的良好态势，特别是养牛业发展形势喜人，受政策、市场、品牌、资金效应的驱动，步入了提质上档增效转型的快车道。

在脱贫攻坚工作中，养牛产业扶贫实现了五个创新。

1. 提升养牛产业位置，在思维方式上创新

县委、县政府把养牛业作为调整农村经济产业结构的龙头来抓。全县先后组织县、乡、村三级干部和养殖大户赴北京、陕西、山东等地参观达200人次，聘请国家、省、市领导和养牛专家对和顺县养牛业进行了论证，超常的措施营造了发展养牛业的良好氛围，表明了县委、县政府狠抓养牛业的决心和信心，绘就了今后几年和顺县发展养牛业的宏伟蓝图，较大限度地调动了千家万户养牛的积极性。

2. 狠抓四种养牛模式的建设，在基地建设上创新

做强做大养牛文章，必须在基地建设上下功夫。经过对养牛业多年的实践和总结，在全县范围内重点推广了“五头母牛”脱贫、骨干牛场、养牛园区、家庭牛场四种养牛模式，这四种模式的核心就是规模养牛，规模养牛不仅是质量与数量的统一，更重要的是作为科技与效益的载体，且有利于提高市场的竞争力，实现基地与市场的有机结合。特别是园区养牛更适合于千家万户，得到了群众的广泛认可，园区养牛不仅实现了人畜分离，便于各技术的推广应用，有利于养牛户的技术交流，有利于养牛综合服务的开展，有利于村镇建设，促进村容村貌的改善。实现了四大转变：由分散饲养向集约化转变；由粗放经营向标准化转变；由单打一向规模化转变；由冬春放牧向冬春舍饲转变。

3. 激活养牛业的发展机制，在资金使用上创新

我们采用了多种形式，广泛筹措闲散资金，在政府扶持发展养牛业上，探

索出了一条资金投放的新办法。过去农民一提发展养牛，存在等、靠、要的思想，养牛户信誉度不高，造成了养牛贷款回收不力，银行部门即使有贷款也不敢向养牛户发放。为此，采取了“一捆三优先”的扶持办法，以小额信贷、几户联保的方式进行发放，就是把用于养牛的资金捆绑使用，对园区建设的优先投，人工种草的优先投，扩大养牛群体的优先投。

技术人员为犊牛进行免疫

4. 强化示范引导，在社会化服务上创新

作为一个业务部门，适应养牛业发展的新形势，我们改变了过去服务养牛只是“讲讲课、查查数、配配种、治治病”的服务方式，全方位实行技术服务承包责任制，注重宏观引导、典型示范引路，在业务上疫病防治从源头抓起，繁殖育肥从示范抓起，饲草饲料生产从推广上抓起，加强了品种繁育、疫病防控、饲料生产、新技术推广四大服务体系的建设，为养牛户提供了优质服务。在指导养牛业的实践中，我们采取了四项措施是加大了队伍建设的力度，开展了“内强素质、外树形象”活动，抽调技术骨干参与了养牛园区和百头牛场的建设和技术指导。

第三节　配套技术与措施

一、和顺县扣膜养牛初见成效

山西省和顺县冬春季平均气温在-7℃，最低气温-35℃，加之农民长期沿袭着冬春放牧的饲养方式，致使冬春季节养牛由于环境寒冷，牛出现弓背、掉膘、早产、流产、死亡等不良现象，导致夏活、秋肥、冬瘦、春乏的恶性循环，优种不能优育，严重制约着养牛业的发展。

和顺县养牛户扣膜圈

经过探索，先从解决冬春饲草入手，推广了秸秆青贮、氨化、微贮等科学加工技术，提高饲草的营养价值和利用率，推广了冬季饮温水，改造暖圈等技术，这些都为解决冬季减少掉膘起到了很大作用，但还不能增膘。经过多次试验，终于找到了适应于高寒山区冬春养牛提高生产水平的有效途径，创新了扣膜养牛新技术。

（一）扣膜养牛特点

扣膜养牛，即高寒山区冬春季节将牛舍饲在塑料暖棚内。造价低，效益高，建一个饲养10头的牛舍仅400米^{2}需3 000元，冬春季节牛日增膘1.7千克，适宜于高寒地区千家万户建造，更适用于规模养殖大户。

（二）场址选择

选择背风向阳干燥的地方，以利于白天有效采光，晚上充分保暖。南圈北采光或西圈东采光，确定养牛小区进行统一规划，统一建造，统一供水供电，统一技术服务，分户经营，分群管理最为理想。

（三）扣膜圈舍的建造示意图（见下图）

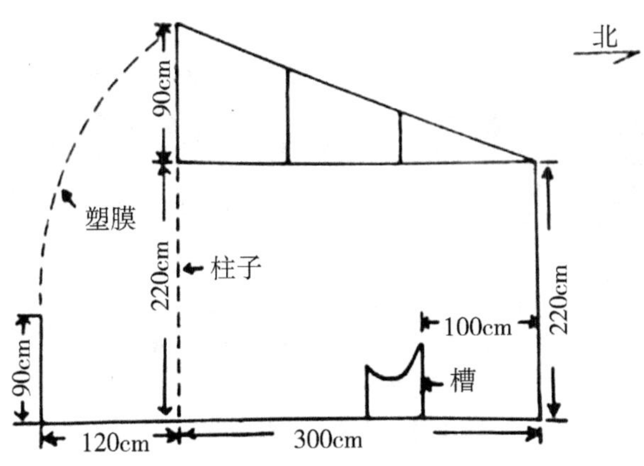

扣膜养牛建筑剖面图

（四）扣膜时间

扣膜时间最好在当年 10 月至翌年 4 月，但要因地制宜，结合当地实际具体选定扣膜时间。

（五）饲养管理

（1）圈舍温度保持在 8~15℃。

（2）饮水温度不低于 25℃。

（3）饲料青、粗、精合理搭配，注意增喂饲料添加剂。

（4）科学防疫、驱虫。

（5）做到“三定”，即：定时、定量、定标准饲喂。

（6）注意运动。母牛在每日 11—14 时要出外运动，以利翌年能爬山放牧。

（六）扣膜养牛的好处

（1）有利于配套技术组装和综合应用，全面提高养牛集约化生产水平。

（2）有利于提高饲草利用率，减少牛的能量损耗，降低牛的饲养成本，提高养牛经济效益。

（3）有利于冬春牧草营养积蓄，通过冬春草地的休闲，可以促进翌年早期

横岭镇上北舍村扣膜养牛园区

返青，能够起到轮牧促进牧草生长效应。

（4）有利于促进农业生产的良性循环。每头牛冬春饲喂160天，可积肥2 400千克，相当于280千克氮肥、200千克钾肥，相当于一个小型化肥厂。

试验证明，与传统饲养法比较，冬季扣膜养牛，每头牛日增膘1.7千克。可见，扣膜养牛是冬春季节农民养牛增收的有效途径，值得推广与借鉴，尤其在高寒地带更为重要。

二、全面推进养牛产业化进程，开发秸秆资源，调整畜牧结构

（一）立足资源优势，制定规划，明确目标，强化领导抓落实

和顺县地处太行山中段，全县农作物主要以玉米、谷子、山药为主，宜牧面积174.3万亩，标准林地66万亩，年产秸秆7 500万千克左右，发展以牛为主的畜牧业有着得天独厚的优势。然而当地农民长期沿袭着山上草、河里水的游牧方式，冬季养牛一直处于饥饿状态。自1996年被列为国家级秸秆养牛示范县以来，我们乘东风，鼓干劲，提出了“牛由饥饿变温饱，人由温饱达小康”的奋斗口号，按照国家秸秆养畜发展纲要和我省秸秆养畜纲要实施意见，制定了《和顺县1996—2000年秸秆养牛实施方案》，进一步明确了到2000年实现秸秆加工企业化，秸秆利用科学化，发展养牛10万头，出栏肉牛3万头，

人均养牛收入 1 000 元的奋斗目标。为了实现这一目标，县委、县政府成立了和顺县秸秆养牛领导组，县长挂帅，分管副书记和副县长任副组长，由农委、财政、银行、畜牧等部门的主要负责同志组成。为了保证各级各部门服务秸秆养牛的措施落到实处，县委组织部、纪检委成立了督查组，将秸秆养牛的好坏列入干部工作考核的一项重要内容。全县每年召开的农村工作会议都把秸秆养牛列入重要的评比项目之中，设立了“秸秆科学加工利用”单项奖、太行牛育种奖和养牛状元奖。近年来养牛劳动模范占到全县劳模的 51%，养牛先进村占到全县先进村的 32%，从而推进了和顺县牛向同质优配、规模饲养、产业化开发的方向发展。

科学养牛宣传

（二）立足基础建设，政策启动，资金牵动，全面推进科学加工利用秸秆养牛

为了卓有成效地推进秸秆养牛工作，在政策方面，县委、县政府出台了“五优先两结合”的政策。五优先是：对科学加工利用秸秆养牛的户优先给予建池补助；对建池进行秸秆青贮氨化的户优先给予资金购牛；对自愿购买铡草机的户优先给予资金或用电扶助；对科学养牛的示范户优先给予贷款；对秸秆养牛示范

乡、村、户优先给予技术服务。两结合是：外资项目购牛与建造青贮氨化池相结合；扶贫资金购牛与建造青贮氨化池相结合，做到了先建池、先购牛、后给款。通过政策调动，近年来农民累计贷款和自筹资金用于秸秆养牛达 2 000 万元。全县发展了科学养牛示范乡镇 5 个，人均 5 头牛村 114 个。全县累计购进铡草机 596 台，其中揉碎机 21 台，达到每村一台切草机，每乡一台揉碎机。

（三）立足科学加工，组织到位，技术到位，保证质量，促进养牛业的综合开发

1. 加大了技术培训的力度

近年来，我们在培训秸秆养牛上打破了常规方式，实行分层培训和现场指导相结合，课堂培训和走出去学习相结合的办法。共培训县五大班子领导及乡镇主要领导 180 人次，乡村干部和养牛户达 8. 2 万人次。

2. 加大了行政的组织力度

一直以来我们把秸秆科学加工利用作为培植农村新的经济增长点和增加农民收入的重要产业来抓，认真组织实施，抓典型、树样板，整体推进，县政府每年发一个秸秆青贮、氨化、微贮的文件，每年召开两次秸秆科学加工利用现场会和秸秆科学加工利用观摩会。县委、县政府每年还将科学加工利用秸秆列入了春秋季节农村“三项基本建设工程”的主要内容，定指标、定任务、定工程，落实到村到户。由于各级领导组织得力，有效地保证了秸秆科学加工利用的顺利进行。

3. 加大了配套技术推广的力度

在秸秆的科学加工利用中，县畜牧部门认真开展了技术承包服务，使秸秆的青贮、氨化、微贮成功率达到 96%以上，秸秆的科学加工利用率达到 71. 5%以上。组装了五项配套技术加以推广：一是西门塔尔牛的核心群选育技术，采取了同质优配、规范化饲养、优种优育的方式，培育了高产核心群牛 3 400 头；二是肉牛快速育肥技术，由原来的两季育肥变成了四季育肥，而且育肥的速度由项目前的 3 年多缩短到 20 个月龄以内，达到 400 千克以上，加快了牛群周转，提高了肥育效益；三是冬春扣摸养牛技术，解决了寒冷地区冬春季节牛掉

秸秆科学加工

膘的恶性循环，使牛冬季能够正常生长发育；四是阿福丁驱虫技术，有效地防治了牛的各类寄生虫病，特别是提高了牛皮的质量，增加了牛的消化吸收率；五是微多蛋白素喂牛技术，填补了牛蛋白饲料不足的问题。通过推广总结出了试验报告，为科学养牛提供了新的决策依据。

第四节　典型经验

一、企业带动农户脱贫致富

银河湾农牧科技开发有限公司是以母牛繁育、品种选育、饲草种植等相关产业发展的农业龙头企业。截至目前，累计完成投资 1 800 余万元，生产配套设施完整，技术依托以山西省农业科学院畜牧兽医研究所和山西省家畜遗传育种中心；2016 年 11 月 11 日被晋中市农业委员会认定为“农业产业化市级重点龙头企业”；2017 年 1 月被山西省科学技术厅认定为“山西省民营科技企业”；也是“太行云牛”品种审定工作的核心场。

自开展脱贫攻坚工作以来，县委、县政府高度重视，出台了扶持肉牛产业化发展的各项优惠政策，加快了激活农村各类资源要素潜能，创新财政扶持资

陆续崛起的养牛企业

金使用方式，不断创新帮扶模式，探索出了“财政注资+企业经营+贫困户分红”的资产性收益扶贫模式。银河湾公司通过这个扶贫政策模式，可为周边贫困村石板房、南沟、郜家庄等13个村1 344贫困人口，人均分红216元；村集体分红193 536元，占40%，人口分红290 304元，占60%，年整体收益分红48. 3840万元。在脱贫攻坚工作中，银河湾农牧科技开发有限公司带动贫困户的方式通过“固定分红+订单种植收益+劳务收益”的模式实现脱贫。

（一）基本模式与创新做法

1. 创新模式，培育壮大企业规模，促进农民增收

充分发挥财政资金在脱贫攻坚中的积极作用，让贫困村、贫困户及时分享财政资金投入取得的资产收益，将财政专项扶贫资金投入银河湾农牧科技开发有限公司，通过债权投资方式参与经营管理，投资期限为三年，获取资产收益，用于资产收益扶贫。通过该扶贫模式的实施，企业存栏牛饲养量可由原来的500头增量至800头（其中繁殖母牛460头），公司养殖基地设施建设得以完善配套，逐步达到标准化肉牛养殖场要求，饲养管理由传统的、粗放的饲喂方式，逐渐转变成科学合理的现代化、机械化饲喂方式，从而提高养殖效率，

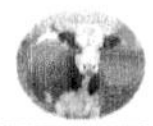

增加收入。通过繁育生产，企业年可获得养牛纯收入160万元，使企业全面扩大达产达效，从而更有能力促进农民增收，辐射带动更多的贫困户脱贫致富。该扶贫模式的实施，公司可带动义兴镇石板房、南沟、部家庄等13个贫困村1 344贫困人口受益，每年按投资总额10%的比例与每个村集体进行保本分红，收益资金入村集体账户后，村集体将收益金额的60%分给村里的贫困户，从而达到贫困户持续增收的目的。

农户订单种植青饲玉米

2. 全面引路，努力扩大产业基地，拓宽辐射力度

公司不断发展壮大，养牛存栏量的不断增加，发展优质青饲玉米的种植势在必行，公司发挥企业优势，采用“公司+基地+农户”的订单农业模式，辐射带动贫困户进行种植生产，保证贫困户的稳定收入。在订单种植青饲玉米项目中，公司还免费为订单贫困户推广青饲玉米先进种植生产技术、青贮技术，提高贫困户的生产技术水平，提高产品质量，有效促进当地农民增收增效。银河湾公司除自己种植300亩青饲玉米外，每年还向周边贫困户订单种植青饲玉米2 000亩，可带动周边仪村、庙沟、官庄、口上、青杨树、南沟、团壁、冯家庄等村的贫困户，连接种植户达到300户，青饲玉米的种子由公司免费提

供，成株收购青玉米按0.12元/千克，种植贫困户户均年增收达到2 500元。同时，优化种植结构，稳定产业链，形成“种植→养牛→肥料→种植→养牛”良性循环，促进产业脱贫。

3. 发挥优势，规范管理搭建平台，助力农民脱贫

为推进脱贫工作，辐射带动贫困户，在劳务用工方面，种植劳务、放牧劳务、贮草劳务、除草劳务、杂工劳务等用工制度向贫困户倾斜，公司每年自己种植青饲玉米300亩，春播秋收除草等劳务用工50余人次；由于和顺县养牛处于半舍饲半放牧的饲养方式，牧坡地域宽广，天然水源充足，牧草着被良好，种类多且营养丰富，每年夏季要进行放牧劳务用工20余人。每年的青饲玉米收割时，公司要青贮玉米饲草3 000米^3，贮草劳务、杂工劳务等用工110余人。场内长期用工18人，季节性用工累计330余人次，助力脱贫攻坚。

（二）成效与作用

1. 贫困户“零”投入，保分红

资产性收益项目的实施，银河湾农牧科技开发有限公司可带动义兴镇石板房、南沟、部家庄等13个贫困村1 344贫困人口受益，每年按投资总额10%的比例与每个村集体进行保本分红，收益资金入村集体账户后，村集体将收益金额的60%分给村里的贫困户，人均分红达到216元，13个村集体分红共193 536元，人口分红共290 304元，年整体收益分红48.3840万元。从而达到贫困户持续增收的目的。

2. 贫困户“无忧”种植，保收购

公司每年向周边贫困户订单种植青饲玉米2 000亩，可带动周边仪村、庙沟、官庄、口上、青杨树、南沟、团壁、冯家庄等村的贫困户，连接种植户达到300户，青饲玉米的种子由公司免费提供，成株收购青玉米按0.12元/千克，种植贫困户户均年增收达到2 500元。同时，优化种植结构，促进产业脱贫。

3. 贫困户“近”务工，保收入

公司每年种植青饲玉米300亩，春播秋收除草等劳务用工50余人次，人均增收2 000元；每年夏季要进行放牧劳务用工20余人，人均增收5 000元。每

年的青饲玉米收割时，公司要青贮玉米饲草 3 000 米^3，贮草劳务、杂工劳务等用工 110 人，人均收入 2 000 元。

（三）经验与启示

在银河湾农牧科技开发有限公司的资产性收益等产业脱贫中，呈现出“发展加速、后劲增强、效益提高”的良好态势，发展潜力很大，为经济、生态、社会效益实现了“三赢”，也探索出了一些经验和做法。

1. 加强领导是根本

打响脱贫攻坚战以来，县委、县政府把脱贫攻坚作为头等大事和第一民生工程来抓，出台专门实施意见和扶贫攻坚规划，特别是在激发龙头企业引领带动贫困户脱贫的机制中，出台了各项优惠政策，加快了激活农村各类资源要素潜能，创新财政扶持资金使用方式，不断创新帮扶模式，探索出了“财政注资+企业经营+贫困户分红”的资产性收益扶贫模式。充分发挥了党的政治优势、组织优势和密切联系群众的优势，为脱贫攻坚提供了强有力的保证。

2. 群众参与是基础

充分调动周边贫困村干部群众的积极性和主动性，引导他们转变“宁愿苦干、不愿投资”的观念，让他们敢闯敢干，极大地增强了干部群众改变贫穷落后命运的干劲和决心。在资产收益扶贫中将财政专项扶贫资金投入公司，让贫困户积极参与进来，通过债权投资方式参与经营管理，投资期限为三年，贫困户获取资产收益。

3. 优势产业是保障

找准产业发展和自身优势结合点，企业的产业发展壮大，引领带动贫困户入资到企业，同时引导贫困户自身发展产业。银河湾农牧科技开发有限公司是以母牛繁育、品种选育、饲草种植等相关产业发展的农业龙头企业，通过资产性收益项目的实施，公司养殖基地设施建设得以完善配套，逐步达到标准化肉牛养殖场要求，使企业全面扩大达产达效，从而更有能力引领带动促进农民增收，真正辐射带动更多的贫困户脱贫致富，为和顺县脱贫攻坚提供了有力的保障。

二、坚持40年为农民输精母牛3万头

刘署江，现任阳光占乡畜牧兽医站长，1977年参加黄牛改良队伍一干就是40年，从牛改输精技术员到任站长，始终为农民输精母牛，40年累计输精母牛3万头，情期受胎率达到98%，创同行高手。他的主要经验如下。

1. 认真学习，刻苦钻研

牛的直肠把握输精是门专业技术强、业务要求精、必须有工匠精神去完成。牛冻精由颗粒精改为细管精、干冰贮存改为液氮贮存、输精管由玻璃制品改为塑料制品，但无论怎么改变，他都认真学习、刻苦钻研，全面掌握了牛冻精贮存和输精工具的使用性能，从未出过任何差错，创行业比赛第一。

全县人工输精覆盖率已达到100%

2. 发情鉴定、注重问察

对每头母牛发情都要认真询问牛主，仔细观察外部变化，总结出了母牛发情15小时的持续变化，以及青年母牛和成母牛的特点，做到无漏一头输精。

3. 直肠把握、器官变化

实践中，他把母牛情期器官变化通过直肠检查掌握得清清楚楚，为适时输精提供了保障。

4. 把握时间、最佳输精

由于技术精准，他输的每头牛都是一次输精怀胎，被行业评为优秀技术

员。40年来他战斗在第一线、输精技术第一名、情期受胎率第一名、受到农民表扬的第一名。

三、从牛改输精员到育牛先锋官

卢国斌，现任和顺县畜牧兽医中心防治站站长，参加工作40年如一日，坚持奋斗在养牛第一线，现如今已成为和顺县优秀人才。

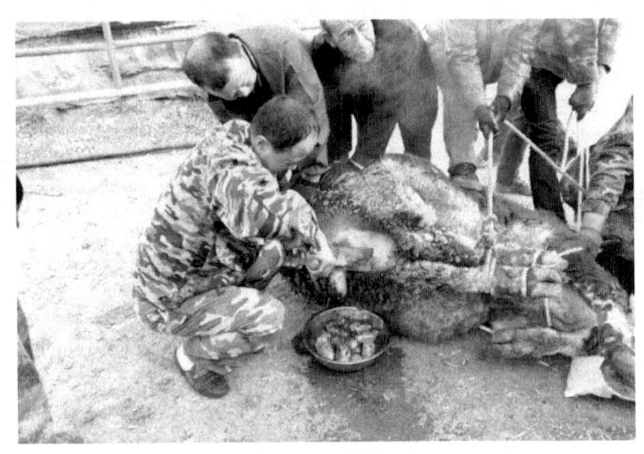

卢国斌在为公牛阉割

他从黄牛改良输精员学起，累计为农民输精母牛2万头，在同行内率先实现两个第一，即一人一罐输精母牛500头、情期受胎率95%以上。探索出母牛爬稳栏输精，提高母牛受配率7%，降低输精成本5个百分点。他爱学深研，总结了母牛发情三不三输精技术在全县推广，培训牛改技术员500名。为农村设计养牛园区上百个，受到农业部和山西省农牧部门的高度重视，完成了标准化养牛园区建设项目。

40年来，他始终战斗在养牛第一线，从牛改到育牛样样精通，现如今已成为牛改的先锋和育牛的先锋官。他把学习作为提升自己的技术素质立在首位，成为了畜牧兽医的全面手、农民致富的活财神，被县委精神文明办评为全县好人榜首。

养牛能手

四、家有五头牛，小康不用愁

根据全县脱贫攻坚工作总体部署，和顺县大力实施畜牧产业扶贫政策，随着各项扶贫措施的进一步落实，全县涌现出了不少养殖大户、养殖园区，发展规模及养殖标准逐步提高。横岭镇翟家庄村的肉牛养殖园区是近两年来和顺县实施产业扶贫项目之一。如今养牛业已覆盖了整个翟家庄村，养殖扶贫效果明显，为全县脱贫攻坚工作作出了积极的贡献。

和顺县横岭镇翟家庄村是和顺县养牛业“一村一品”市级推进村，县级示范村。全村 202 户，638 口人（其中建档立卡贫困户 180 户），230 个劳动力，1979 亩耕地。养牛业是该村农民增收致富的主导产业，目前全村存栏牛 1 400 头，户均 6 头，人均 2 头，是全县养牛第一村。

近年来，村支两委按照新农村建设的要求，以改善农村人居环境为切入点，以发展农村经济、增加农民收入为主要目标，积极组织实施各项惠民工程。2012 年片区开发项目，翟家庄村就开始改建新建牛舍 70 栋，初步达到规模化建设标准，园区建成后全村牛群全部入园饲养。为了使本村养牛更加规范化、更好地从事养牛业的发展，2017 年至今积极实施扶贫项目，新建牛舍 5 栋，新建堆粪场、化粪池等配套设施，总投资 93.46 万元，扶持资金 75.3 万元。该养牛园区的新建改善了养殖环境，提高了养殖水平，最大化促进农民增收。

目前养牛园区扶贫建设项目已全部完工，园区实行上级资金资助，乡村实施管理，个户分散经营的基本模式。牛群入园饲养实行夏秋放牧、冬春舍饲的模式，实现了全村养牛业的专业服务和管理。村“两委”主干组成园区建设项目的领导组，具体负责对养牛园区的运作进行管理。具体做法如下。

1. 成立了翟兴养牛专业合作社，为全村养牛户提供销售、技术、信息等服务

为了将养牛业拓宽做细做精，延长产业链条，改变以往简单、粗放的繁育方式，2015 年在省纪委的帮扶下建成了百头繁育和百头育肥的“双百头”养牛项目，先进行育肥，再出售，可提高养殖户的收入。

2. 引导养牛户互助，实现资源共享

好的养牛园区，养牛户之间必须加强交流，互通有无，充分体现园区的合作功能。翟家庄村养牛园区积极引导养牛户互相交流，资源共享，主要体现在技术交流和信息交流。技术交流：园区定期召开养牛户现场交流会，邀请园区有较好繁育经验的“土专家”、科技带头人在肉牛育肥基地现场示范，使养牛户在和“土专家”、科技带头人的面对面交流中学到知识，促进了学习的实效性；信息交流：如果说技术交流是定期的，那么信息交流就是日常的。每位养牛户当得到肉牛养殖技术、饲料使用、销售市场等方面信息，就会在第一时间交到理事长处，理事长负责收集管理各类信息，各养牛户可随时查阅。

3. 发挥示范户带动功能，保障园区的发展

园区发展其重点在于互帮互助，统一管理共同发展的产业。本村养牛园区在技术服务方面主要体现在技术示范带动方面。大多数养殖户都有一定的养殖经验，某些发面在实践中摸索了一些土方法，这就使园区内部有了部分“土专家”，这些土专家就要发挥示范带动作用，当养殖过程中出现一些小技术问题

时，“土专家”就成了及时雨，解决紧急问题，还能带动更多的土专家帮助解决问题。

4. 通过四统一提高养殖效益

养牛园区通过统一管理、统一饲养标准、统一品种改良、统一防疫等措施，不但提高了经济效益，而且降低了养殖成本。统一管理，保证所有养殖户饲养的牛归园区统一管理，既节约了土地的使用面积，又节约用人成本，同时还改善了农村人居环境；统一饲养标准，保证养殖户饲养的牛按标准供给饲草、饲料，提高肉牛出栏时的价格；统一品种改良即养殖户饲养的能繁母牛统一利用西门塔尔牛冻精进行人工配种，所生的犊牛生长速度快，肉用价值高，市场销路广；统一防疫，保障防疫及时，提高防疫密度、防疫质量，确保无疫情发生，为我村养牛业起到保驾护航的作用。

养牛园区项目实施后，园区内基础设施更加完善，养殖规模得到了扩张，养殖水平不断提升，经济效益明显提高。未建养牛园区之前翟家庄村能繁母牛仅存栏 150 头，养牛园区建成后的短短几年，引导我村 174 户贫困户进入园区养牛，扩大养殖规模。从而使能繁母牛存栏达到了 980 余头，年可生产犊牛 680 余头，年均出栏牛达到 500 余头，年销售收入 350 余万元，纯利润达到了 270 余万元。户均增收 1 万余元，达到了稳定脱贫的目标。

养殖科技含量提高，由于经常聘请畜牧中心技术员到园区进行技术辅导，养牛户的养殖技术更加科学化；养殖户在养殖规模、养殖效益、养殖技术上均有了明显的提高。在当地引起广泛的带动效应，可带动全村 182 户贫困户，实现养牛稳定脱贫，为全县规模养牛标准化进程的推进作出示范和引导。

标准化园区养牛，实现人畜分离，粪污集中处理，改善了人居环境。同时充分利用农作物秸秆饲养肉牛，秸秆焚烧现象不再发生，减少大气污染，保护了生态环境，畜牧业生产与保护生态环境得到了协调发展。

翟家庄村养牛园区的新建，既提高了养牛户的养殖水平，又改善了人居环境，还能使养殖户获得更高、更稳定的经济效益，能最大程度上带动贫困户发展养牛产业，稳定脱贫，共同走向致富之路。具体体现如下。

规范管理是促进肉牛养殖产业健康发展的基础。在管理方面采取“合作社+农户”的模式；在技术方面，采取集中培训和单独指导的方式；在销售方面，采取集中出售的措施。通过以上三个方面的形式，避免技术薄弱、管理落后、分散经营，产销脱节，不能直接进入市场，影响了收益。市场经济是开放式的，也要有计划，生产必须与市场接轨，所以要组织起来统一管理，园区的实施为大家排忧解难，解决分散单干办不了的事。

提高标准化规模养殖水平，增强竞争力是肉牛养殖产业可持续发展的有力保障。养牛必须实行规模标准化生产，提高质量安全水平，才能增强竞争力，才能持续发展。园区项目的实施就是要通过养殖户自律，加强管理，实行“四统一”，搞好肉牛饲养全过程的质量控制，靠质量占领市场，获得效益。

实现产业化经营，创新完善机制是养牛业健康发展的有效措施。产业化是农业的根本方向、必由之路，不搞产业化就没有出路。产业化经营的重点是培育壮大园区产业，强化服务功能，助推脱贫攻坚，带动贫困户增收。

第五节　论文应用及新闻报道

一、论文应用

（一）关于做大做强和顺县养牛产业的思考与建议

养牛业是和顺县广大干部、群众普遍关心的一项主导产业，是促进农业结构优化升级的当家产业，也是今后新农村建设的头号任务。当前，和顺县以牛为主的畜牧业正处在以散养为主的传统生产方式向规模化、集约化、专业化、现代化生产方式转变的关键时期。为在转型中做大做强养牛产业，县委、县政府提出了“建设畜牧养殖加工大县”的战略构想。至此，从组织县、乡主要领导外出参观学习到专题讲研、召开专题会议等，出台了一系列政策措施，从《推进养牛产业化的实施意见》到《发展民营经济、推进全民创业》等文件，对转变养殖观念，调整养殖模式，推进全民创业，大力发展以牛为主的畜牧业，持续增加农民收入，都具有现实的指导意义，促进了养牛业的发展。然而养牛产业在具体操作发展的过程中并不令人满意。对此，我在实践中进行了认真思考，进行了认真的调研，现将我的思考与建议提供商榷。

1. 和顺县养牛业难以提速的成因

（1）传统的思维定式，限制了养牛业的提速

长期在山大坡广、水草丰盛、养牛条件得天独厚的思想指导下，靠山上草、河里水、自然游牧少数牛户甚至让牛长期驻山野牧。部分农民牛养得再多也不种草，牛品种再好也不喂料，肉牛不育肥赚钱就卖，应有的优种优势实属难以发挥。尽管和顺县在改变饲养管理条件上做了大量工作，如建设园区、建设扣膜牛舍等方面取得了重大突破，但是，由于种草发展滞后，造成了优质牛种没有优质的饲草料，养牛业经济效益难以提升。

（2）养牛业主体经营素质差，制约了养牛业的提速

养牛业的主体是农民，而和顺县农民的经营素质由于历史的原因，长期处于小打小闹，急功追利，市场价格越高越要买牛，市场价格越低越要卖牛，导致了目前“买母杀青”“买优留劣”的情况十分严重。近年来，整体扶贫村投资购牛逐年增加，但农户是今天买进明天卖出，稳定饲养户不足50%，其主要原因是购牛户并不是真正养牛，而是想换取国家资金，加之跟踪服务不力，导致了只见买牛不见增牛的现象。

（3）投资主体缺钱，政策落实不到位，困扰了养牛业的提速

投资养牛的主体是农民，而农民又缺钱发展规模，扶助投资是政策，而财政困难又不能兑现许多优惠政策，如养到30头母牛或出栏50头育肥牛，财政要给于补助，但兑现率极低，这无形中制约了养牛业的规模发展。由于资金缺乏农民想扩大规模而受到资金困扰。

（4）“三个不得不”导致了养牛业的减速

一是学校撤并农民不得不卖牛随子女异地就学；二是移民并村农民不得不卖牛盖房另择他业；三是散养牛减少，牧工工资提高，规模养殖又缺乏资金，农民不得不卖牛进城打工。由此导致了养牛业的减速。

（5）“三个退出”导致了养牛业的萎缩

一是牛从使役中全部退出；二是户养牛减少，专业牧工工资提高，残疾牧工从中退出；三是中青年农民由于农民工资增长而退出养牛外出打工，出现了“富不养牛，穷又养不起牛”的现象。

（6）缺乏对养牛典型的培养，缺少科学养牛示范基地

近年来，由于跟踪服务滞后，致使一些养牛基地由于缺乏正确引导而做不大做不强。实践证明凡是经常受到培训的，经常得到技术指导的发展就持续稳定，如白泉、大南巷、仪村等养牛园区发展的非常健康，否则发展就缓慢。

综上所述，和顺县养牛产业提速不快的症结在于政策落实不到位，科技支撑和市场引导不力。为此急需专题研究养牛方式的转变、养牛产业的崛起和发展战略。

2. 推进全县养牛业快速发展的几点建议

当前，种养换位，为养而种，是现阶段农牧结合的新路子。在散养农户减少的同时，就是养牛区域化、规模化发展的机遇，势必扩大饲草的种植，加快饲料加工业的进程，二者应同步扶持、同步发展。

（1）做大做强养牛产业从区域经济中起步

“十一五”期是新农村建设的启动期，现代养牛业应作为和顺县新农村建设的头号任务来抓。要结合实际规划出母牛的繁殖区，发挥千家万户搞繁殖的优势，发展梯型肉牛育肥区，建立符合实际的区域指导目标和考核目标责任制，真正使干部有抓手，确实引导农民在转变中实现新的崛起，在发展中不断增加收入。

（2）做大做强养牛产业从落实政策上加以扶持

种植业的发展很大限度上受客观因素的制约，而养殖业的发展，养殖小区的建设，主要取决于政策的鼓励和引领，要加大规模户、养牛园区、养牛专业合作社和养牛协会的扶持力度。对于整体扶贫村的购牛也要先行帮助成立养牛专业合作社，稳定其购牛后的饲养与发展。要在已经出台和今后将要出台的优惠政策落实上狠下功夫，让农民感受到党的政策对扶持养牛产业的实惠。

（3）做大做强养牛产业从科技服务上下功夫

养牛业涉及面广，其发展养牛产业的链条之长，为此，要尽快实施科技入园区、入农户、入牛场的工程，要在提高优种优育，提高母牛繁殖成活、增强肉牛育肥规模、发展饲草种植与加工、发展健康养殖上有机地结合起来。要尽快实施行政服务引领工程，对于养牛专业村、养牛专业合作社、规模经营户、养牛园区、骨干牛场、家庭牧场等都要有专人指导专人服务，真正做到科技在行政与技术的运行中全面落实到位。

（4）做大做强养牛业，必须健全机制，实施项目拉动战略

从机制创新中做大做强养牛业。“两区开发”项目，安排和顺县的五万头肉牛育肥项目，是实现和顺县养牛产业由传统向现代转变的最佳机遇期，用好、用活这笔资金事关和顺县养牛业能否再次崛起和龙头企业能否发展的关键。为此建议，在实施项目中要建好机制，选好法人，搞好实施肉牛育肥基地的可行性论证。同时要以项目吸引外商来和顺县开发肉牛加工项目，要以项目拉动全县养牛业的提速。再是要充分发挥养牛协会的作用，在这方面我有尝试，兴科养牛流通协会，在工商部门的支持下注册了“太行红”品牌就是一个重大的举措，协会足有成效的运行，进一步畅通了养牛流通渠道，为农民增效增收架起了桥梁。

（5）做大做强养牛产业必须抓住对养殖户的培训环节，突出培养典型，从培训专业农民中带动发展

要发展现代养牛产业，提高专业农民整体素质至关重要，要有针对性地专题培训“有文化、懂技术、会经营”的新型专业农民，培训要体现在做大做强养牛产业化的全过程，要培养扶持一批能够引领现代养牛产业的示范户、示范园区和专业合作社，要注重典型培养，突出示范引导，创出我们和顺养牛的模式和榜样。

（6）做大做强养牛产业必须加大宣传力度，依靠品牌拓市场

目前，商品牛的市场与价格看好，要抓住机遇加强“和顺牛”“太行云牛”品牌的宣传力度，要用舆论引领农民正确地转型，行政技术部门要深入农

户正确引导农民转变方式，要采取强有力的措施控制“卖母牛、杀青牛”，要拿出专项资金保护和顺县的优质母牛。要尽快申请确定“和顺牛”的地方良种认定。为做大做强“和顺牛”产业，打响“太行云牛”品牌奠定坚实基础。

（7）建立安全有序的饲养标准，要健康养殖做大做强养牛产业

“发展健康养殖业”是2009年中央一号文件的重要内容，要严格按照“预防为主，关口前移”的要求，积极推行健康养殖方式，加大饲草种植与饲料安全管理，加大动物疫病防控投入力度，提高健康养殖水平，为做大做强以牛为主的畜牧产业，提升和顺县畜产品在市场的竞争优势，让农民在安全生产中持续增效增收。

总之，和顺县养牛业的基础好、潜力大，广大农民养殖的积极性高，市场需求的空间广，和顺县养牛产业一定会实现“十一五”规划的既定目标，一定能够在太行山乃至全国起到先导作用，呈现新的辉煌。（摘自：《2008年中国牛业进展》）

（二）转型发展抓繁育，跨越发展抓开发

山西省和顺县是中国西门塔尔牛太行山区类群选育的核心基地，国家级扶贫开发重点县。2002年中国西门塔尔牛被确立为中国牛新品种之后，和顺县把太行类群牛申请国家商标总局注册为“顺和牛”品牌，历经40年的品种改良、品种培育、核心群选育，“顺和牛”在提高“农耕畜力”、改善农民生活条件、牵动产业结构调整、促进农业现代化建设等方面发挥了重要的生产优势。本文就山区养牛基本退出农耕，牛业面向市场、开启转型发展、跨越发展的关键时刻，从“顺和牛”发展的实践谈几点对“中国西门塔尔牛太行山区类群”综合开发的建议供商榷。

1. 和顺县发展“顺和牛”积累的宝贵经验

和顺县地处太行山中段，早在1973年就被农业部和山西省农牧厅列为引进国外牛品种冻精，改良本地黄牛的试点县，在国家、省农科院校养牛专家的指导下，采用先进的人工直肠把握“冷冻精液”输精母牛，当地干部、群众把它称为农业史上的“黄色革命”，推进生产力发展的“持久战”，总结和顺县

发展“顺和牛”积累的宝贵经验，可以概括为四点：领导重视抓优势、科技支撑抓创新、政策到位抓落实、合理规划抓品牌。具体如下。

（1）领导重视抓优势：和顺县山大沟深，自古养牛，被誉为“中国牛郎织女文化之乡”历届县委、县政府领导把自然环境与传统养牛作为优势产业，富民工程，一任接一任抓改良，一任接一任抓培育，一任接一任抓开发，使养牛产业成为农民的当家产业，农村发展的支柱产业，养牛收入占到农村经济总收入的51.2%，占到农民人均纯收入的47.9%。

（2）科技支撑抓创新：黄牛改良为和顺县培养了一支技术过硬的畜牧兽医队伍，人工输精母牛情期受胎率达到97%以上，居国际先进水平，多数技术员掌握了胚胎移植技术，成为饲养防疫的技术能手，牛的饲养管理从靠山游牧，到入园进区，冬春半舍饲，夏秋科学轮牧，标准生产、健康养殖技术不断创新，养牛业的科技奉献率达到95%以上，科技应用面达75%以上。

（3）政策到位抓落实：县委、县政府根据不同时期的发展现状，及时出台发展养牛业的指导方针和优惠政策，如“十一五”期出台的《推进全县现代养牛业的意见》中，针对养牛业发展的进程，每年拿出1 000万元用于扶持发展现代养牛产业化的重点工程，确保了养牛业在转型发展中稳步推进的目标。

（4）合理规划抓品牌：和顺县在推进现代化养牛产业实践中，初步形成了“龙头+基地+农户”的产业框架；“繁殖+育肥+加工”的生产模式，“行政+协会+企业”的惠民服务。如东泰肉牛育肥有限公司，为120余名农村劳力安排就业，拉动了周边9个村围绕养牛搞种植。又如兴科养牛流通协会，积极组织会员推广先进养牛技术，在国家商标总局注册了“顺和牛”品牌。这些都为推动全县现代化养牛业，开发牛市场提供了强有力的保证。

2. 对中国西门塔尔牛太行山区类群综合开发的建议

纵观和顺县及周边山区养牛业的现状，中国西门塔尔牛品种对当地饲养环境、饲养条件、管理能力都非常适宜，毛色、体型、花片都深受农民欢迎：犊牛的初生重、育成牛的生长速度、母牛的泌乳期和产奶量、肉牛的屠宰率等各种生产性能都在稳定中发育和提高。目前，普遍存在的问题依然是饲养水平跟不上优质品种要求的条件，饲养人员的素质跟不上科学发展的要求，饲养的质量跟不上市场要求的标准。为此，我认为在转型发展中抓繁育，在跨越发展中抓开发，具体如下。

（1）转型发展抓繁育

① 抓繁育，提高母牛的繁殖成活率是关键。要把抓母牛发展作为肉牛产业的基础工程抓牢抓实，就是要让倒养母牛的农户靠繁育获得最佳效益。

② 抓繁育，坚持中国西门塔尔牛品种的培育是根本。一个品种的形成之后，关键是强化饲养管理和长期的选培育，山区养牛既然认可这一品种，并且为农民带来了实惠，我们就要引导农民加以培育，不要轻易放弃而选择其他品种进行改良，我国置南牛、南阳牛等五大品种就是一个很好的例子，当然搞一些改良试验还是可以的。

③ 抓繁育，创造条件培育优质母牛生产鲜奶是目的。在一些养殖小区，逐步与乳制品企业联合，建立挤奶站，培育母牛参加挤奶，提高母牛的利用率，促进母牛舍饲。

④ 抓繁育，加强产、学、研结合是保证。要坚持对新品种的生产性能进行试验、测定，做到科研、生产、市场有机地结合，对品种改良做到自然环境与市场要求有机结合，使品种既适用于当地的饲养环境，又适用于市场的消费需求。

（2）跨越发展抓开发

① 抓开发，要从建立核心肉牛育肥示范基地做起。建议上级农牧部门在抓好肉牛带、奶牛带发展的同时，像和顺县这样的老肉牛基地要作为核心示范基地加以扶持，辐射和带动山区养牛产业的跨越发展。

② 抓开发，要从肉牛深加工上做起。目前人们提起牛肉加工就是生产高档牛肉，但市场消费高档牛肉的人甚少，因为消费能力受限，所以对肉牛加工企业不仅要在肉上下功夫，而且要在皮、毛、内脏和胆汁等细小产品上做文章，把肉牛产业做精、做细、做强。

③ 抓开发，要从提高专业技术合作组织程度做起。养牛公司、养牛专业合

作社、养牛专业技术协会，是发展养牛业的主要载体，是提升养牛影响力的根本保证。为此，加强农民科学素质培训，提高农民的组织化程度，共同开发市场。

④ 抓开发，要从发展饲草料生产上做起。加强天然草地改良与轮牧；加强人工种草力度；加大青贮草的加工力度；加大山野饲草的采集加工力度；积极开展利用林下牧草加工养牛，多方面提高饲草的利用率。

⑤ 抓开发，要从健康养殖做起。市场越开放，越需要跟踪服务，特别是品种引进、饲料原料、防疫疫苗、肉牛购销等生产环节都要跟踪服务，建立产品追溯体系，以达到标准化生产，健康养殖的目标。借此文，感谢中央、省、市部门对和顺县养牛业的长足发展给予的大力支持，感谢中国西门塔尔牛育种委员会及国家、省、市科研专家为“顺和牛”的形成给予的技术支持，我坚信和顺县未来的养牛事业依然会在全国起到引领和示范作用，在开启中国西门塔尔牛太行山区类群转型发展、跨越发展的征程中创出新的业绩，为国际国内市场提供安全、优质的牛产品而努力奋斗。

（摘自：《2010 年中国西门塔尔牛育种进展》5 论文集）

（三）打造和顺县生态名片　提升和顺牛“金银库”质量

在习近平总书记“绿水青山就是金山银山”的思想指导下，和顺县委、县政府把创建“生态养牛、绿色发展”作为全县脱贫攻坚、振兴产业的主要措施来抓。“和顺牛”的特点是：从外貌特征看，额头为白色，全身红白或黄白花，花片均匀，尾梢、四肢、肚腹均为白色，育成牛体高 127 厘米左右，体长 143 厘米左右，达到了中国西门塔尔牛山区群体纯种的要求。从适应性看，和顺牛适应性强，善爬坡，耐粗饲，抗病力强。一旦全舍饲育肥比同类牛日增重提高 14%左右，母牛乳脂率比黑白花牛提高 1.3 个百分点。从饲养状况看，和顺牛冬春舍饲，夏秋放牧，草质优良，无环境污染，所以生产的牛肉细嫩味美，生产的牛奶香甜可口。“和顺肉牛”在新时代挺起了“三大”脊梁。

——农村发展的“地理标识”

“和顺肉牛”新品种，是中国西门塔尔牛太行山区类群的延伸，“和顺肉

太行云牛在养牛杂志上报道

牛”品种的形成，是在中央、省、市农牧部门的大力支持和科研院校的精心研究示范，是在中国畜牧业协会牛业分会长期关怀指导，是在和顺县委、县政府正确领导下、全县广大干部群众砥砺奋进40余年成果的结晶。为了让成果真正地转化为农民得实惠的资源，2011年县政府组织县质检、农牧、科协等部门进行了认真总结，经县政府申请，“和顺肉牛”获得国家质检总局“地理标识”。为了让全县人民对“和顺肉牛”地理标识形成重要性的理解和认识，相关部门加大了市场开发的力度，寻找不足补短板，县委组织部在招考工作人员中，把“活畜”哪一个品种是和顺县“地理标识”作为考题列入其中；县委宣传部把宣传“和顺肉牛”地理标识与中国牛郎织女文化之乡有机结合；县科协把科普“和顺肉牛”地理标识列入重点工作；县农牧、扶贫办和各乡镇明确目标抓落实，从而使“和顺肉牛”地理标识在2012《中国畜牧报》发表了《和顺县农民养和谐牛》的消息，《山西日报》《晋中日报》等相继发表文章，对“和顺肉牛”地理标识广为点赞，“和顺肉牛”品牌开创了市场新局面，

"和顺肉牛"市场不断扩大，和顺县天和牧业和绿和生态农牧两家肉牛公司分别注册了供港肉牛基地，年供港牛达3 000余头，"和顺肉牛"已远销内蒙古、安徽、山东、吉林等13省170个县市，优种母牛比市场价平均提高15%以上、肉牛提高18%，农民养牛新增收入9.3%。

——农业调整的"转换器"

"和顺肉牛"作为和顺县域经济的主导产业和农民的当家产业，在农业"三降一补"和农业产业结构调整中发挥了"转换器"的作用：一是在农业耕作实施机械化代替畜力的进程中，和顺肉牛退出役用转化为商品资源；二是在农业科技改革的过程中，"和顺肉牛"主要作为饲料利用的"转换器"，充当了种植业有机肥的加工厂和人民物质生活需要的商品资源；三是在建设生态名片的进程中，"和顺肉牛"起到了平衡生态发展的作用；四是在降低种植业化肥用量，为生产绿色环保优质的食品起到"转换器"的作用，降低化肥用量30%，有50%的农户基本上不用化肥；五是在秸秆处理中，通过过腹还田，使农副产品及秸秆得到了有效利用。通过"和顺肉牛"的发展，带动了全县农村产业结构的调整，"三降一补"的措施落到了实处。粮改饲种植面积达到了5万亩，占全县耕地面积的25%，草地面积达到94.3万亩，林下草地面积117万亩，"和顺肉牛"冬春舍饲，夏秋放牧的饲养模式，为新时代肉牛产业兴旺奠定了技术基础。

——农民致富的"金银库"

和顺县目前存栏牛10多万头，资产达10亿元，当地农民自豪地称为活的"金银库"。改革开放初期和顺县委就提出，"和顺要致富，大养肉牛多种树，如果通了火车路，和顺便成金银库"。更是全县上下在习近平总书记"绿水青山就是金山银山"的思想指导下，和顺县委确立了"打造和顺县生态名片，提升和顺肉牛金银库"质量的工作方略，目前全县已建成省级以上标准化养牛企业10个，发展养牛专业合作社217个，标准化养牛园区110个，参与的养牛户占到全县户的47%，达到13 274户。在精准扶贫攻坚的关键期，为了让更多有劳动能力的贫困户通过养牛业实现稳定脱贫，县政府资助贫困户申请入股养牛企业和专业合作社，政府出资帮助贫困户参与入股养牛，并在其中参加劳务和取得分红，收到显著效果。如天和牧业公司接受义兴镇4村173个贫困户入股肉牛育肥，每年为338名贫困人口每人分红500元；又如牛川乡祥瑞养牛专业合作社接受2村450户的1 400亩土地种植青饲玉米，吸收贫困户在合作社打工，每亩固定分红340元。目前已有6个企业和36个养牛专业合作社接收贫困户，参与入股分红已达87村6 370户9 401口人，有效解决了他们无产业无稳定收入的后顾之忧。“和顺肉牛”的“金银库”质量在不断提高，稳定在标准化、安全发展的区间，其保证措施主要有三个体系的不断完善。一是政策保障体系，二是社会服务体系，三是人才支撑体系。其效益主要表现在四个方面，一是为改善居住条件起着不可替代作用，有35%农户盖新房，搬新家全靠养牛；二是为子女的上学起到了不可替代的作用，全县有40%的农户子女念书受养牛业支撑；三是婚嫁娶媳起到了不可替代的作用，全县有25%的农户为儿女办婚事靠养牛业支撑，四是农民的脱贫致富靠养牛产业，有47%农户靠养牛脱贫致富。我坚信和顺县人民在习近平总书记“绿水青山就是金山银山”思想的引领下，和顺县生态牛业的道路会越走越宽，“和顺肉牛”“金银库”会越办越兴旺，和顺县人民在脱贫致富奔小康的道路上会越走越顺。

二、新闻报道

（一）和顺县养牛业四项指标居全国第一

本报讯全国商品牛基地县和顺，最近又传捷报，去年，该县养牛业又上一个新台阶，西门塔尔良种牛存栏率、全县母牛存栏率、母牛繁殖成活率、商品牛出栏率四项指标居全国养牛基地县榜首。

和顺县养牛业的新发展，归功于县委、具政府的高度重视，也归功于行业人员的辛勤努力。近年来，县里制定并健全了鼓励农户养牛的政策和措施，并按照远肉近奶、规模经营的原则，把该县较远的8个乡镇划为肉牛育肥基地，把较近的7个乡镇划为牛奶生产基地。在此基础上，狠抓了草料开发和乳肉综合利用开发，强化了黄牛改良、疫病防控、科学饲养3项服务，把握了饲料供给、畜产品销售、牛奶加工3个环节。与此同时，在全县范围内实行了行政、技术双向承包责任制，先后举办了品种改良、疫病防控、饲养管理等多项技术培训，有效地促进了全县养牛业的发展。据统计，全县61%的农户养起了牛，户均养牛1.4头。西门塔尔牛存栏数达24 457头，占全县牛存栏数的92.9%，母牛存栏数达17 894头，占牛总数的68%，母牛繁殖成活率达78.4%，商品牛出栏率达24.8%。（1992年2月14日《山西日报·农村版》）

太行云牛在山西日报上报道

（二）和顺县西门塔尔牛规范化饲养模式

随着西门塔尔改良牛商品化生产的迅速发展，和顺县在实践中逐步摸索出了一套西门塔尔牛的规范化饲养模式。

这个县黄牛改良18年来始终把西门塔尔牛作为改良方向，坚持一手抓商品牛基地建设，一手抓西门塔尔牛的揞育，初步形成了一套母牛“冷配”技术规程，概括起来叫作三掌握、四环节、四不输、两合理。

三掌握：① 掌握养牛户情况；② 掌握各类母牛发情特点；③ 掌握母牛发情旺季。

四环节：① 向畜主了解母牛发情时间；② 观外表看其角膜变化；③ 记档案看其有何异常；④ 讲卫生预防不孕症。

四不输：① 发情鉴定不准不输精；② 消毒不严不输精；③ 精子活力不好不输精；④ 把不住子宫颈不输精。

两合理：一是生产奶牛坚持常年输精；二是繁殖母牛7、8、9三个月集中时间输精。

为了改变传统的两年一胎为三年两胎或一年一胎，在犊牛出世后一周就供给豆末舔食，两周后供给碎草自食。挤奶牛的犊牛12周断奶，一般犊牛24周断奶。犊牛的代乳料配方是：炒玉米25%，炒莜麦25%，炒大豆22%，小米25%，生长素1%，骨粉1%，食盐1%，料和水的比例为11：（4~10）。

和顺县举办赛牛会现场

和顺县山大坡广，西门塔尔牛多数仍以放牧为主，但是如今的放牧已由传统的游牧改为轮牧，当地人们把这种轮牧归纳为一句顺口溜，叫作：春放阳坡夏放背，秋收茬地沟冬季；奶牛牧村边，肉牛牧地边，一般牛群上山坡。在放牧的方式上采取了分群放牧，冬春迟出早归防寒冻，夏秋早出晚归抓膘情，挤奶牛全年舍饲，肉牛季节性放牧，一般牛冬春舍饲加坡牧。同时，对西门塔尔母牛、肉牛实行了不同的饲料配方。在配方中，奶牛饲料粗蛋白含量为18.41%左右，育肥牛饲料粗蛋白含量为20.1%左右；一般牛饲料粗蛋白含量为13.09%左右。同时，使用的饲料添加剂主要有：尿素、碳酸氢钠、生长素、维生素、抗生素等。（《山西日报·农村版》1991年12月28日）

（三）和顺县举行首届赛牛会

近日，和顺县委、县政府在青城镇隆重举行了首次西门塔尔牛赛牛大会，邀请了中国西门塔尔牛品种委员会秘书长许尚忠和省农牧厅、省农科院的养牛专家担任了评委主任和副主任。来自15个乡镇的400头西门塔尔牛是通过当地技术人员初选后上会的，按照中国西门塔尔牛山区类型的标准，专家对参赛牛进行了全面评定，结果有20头牛分别获得本次大赛的冠军、亚军和季军，中国农业电影制片厂拍摄大会实况。

和顺县引进西门塔尔牛“冻精”改良本地黄牛，已有20年历史。经过艰苦的培育和商品化开发，西门塔尔牛已在和顺县形成群体。和顺县西门塔尔牛的特点是：乳脂率高，母牛挤奶性能好，一个泌乳期产奶量8 000千克以上；公牛育肥增重快，肉质鲜嫩，育肥20月龄左右牛体重量可达400千克以上。全县存栏的2.7万头牛中98%是西门塔尔牛，年可为社会提供优质商品牛7 000头左右。（《山西科技报》1992年9月8日）

（四）和顺县：肉牛养殖让农民真正“牛起来”

黄河新闻网晋中频道讯 和顺县是全市的养牛大县，肉牛养殖已经成为农民脱贫的支柱产业。近年来，和顺县以“国家地理标识”为名片，以“十企百区千户”为载体，着力打造和顺肉牛特色品牌，做大做强肉牛养殖规模，引深延长现代养牛产业链条，全县养牛业存栏量、出栏量、牛肉产量占全县畜产品综合产量比例在晋中市均名列前茅，肉牛养殖让农民真正“牛起来”。

40多岁的张志先是和顺县义兴镇仪城村的一名养牛大户，短短几年的时间，他通过建立家庭牧场，发展肉牛养殖赚鼓了腰包。

像张志先这样建立的家庭牧场，全县共有7个，培育“五头母牛”繁育户2000户以上，10头母牛以上的繁育户达到了216户，辐射带动周边多个村庄和农户实现了增收。

养牛业在全县农民增收和农村经济发展中的主导地位进一步显现，特别是龙头企业的带动效应尤为突出，不仅扩大了和顺县肉牛的知名度，而且拉动了农民在养牛方面的一系列收益。

近年来，和顺县养牛业紧紧围绕打造“绿色农畜产品生产加工基地”发展战略，以发展现代养牛业为总抓手，全面实施“十企百区千户”养牛工程，大友、东泰、德牧、天和、绿和、宏泰、银河湾等肉牛养殖龙头企业先后落地投产，特别是肉牛育肥、屠宰加工、供港肉牛基地相继建成，形成了一个集繁育、育肥、屠宰加工为一体的县域养牛产业链。2011 年，和顺肉牛被国家质检总局认证为国家地理标识保护产品，远销云南、新疆、内蒙古等全国 11 个省市 170 余个县市，深受市场好评，养牛产业健康发展持续推进。截至目前，全县存栏牛达 9.9 万头，年出栏牛 5 万头左右，人均养牛收入占人均收入的 40%以上，成为名副其实的三晋养牛第一县。

（http：//jz. sxgov. cn/黄河新闻网晋中频道 2018-10-10 17：01：59）

（五）和顺县自营出口供香港活牛

助力老区脱贫攻坚 实现出口创汇破零

本报讯（记者 苗武军）6 月 28 日，和顺县自营出口供港活牛仪式在晋中市和顺县阳光占乡绿和生态农牧业开发有限公司举行，首批 24 头、价值约 55.2 万港元的和顺肉牛踏上征程，出口香港。这不仅填补了和顺县外贸进出口业务空白，实现出口创汇破零，而且对于做大做强和顺县养牛产业、助推革命老区实现脱贫具有重要的意义。

和顺县供港活牛首发车

和顺县是全国首批黄牛改良试点县、全国商品牛基地县、全省肉牛养殖重点县和中国西门塔尔牛太行山类群选育基地县。从 20 世纪 70 年代开始进行黄牛改良试验以来，历届县委、县政府坚持主抓养牛业，使养牛业在全县农业经济发展中发挥了重要作用。2011年，和顺县肉牛被国家质检总局认证为国家地理标志保护产品。2015年，和顺县被山西省农业厅、山西出入境检验检疫局评为出口肉牛质量安全示范基地等。

目前和顺县已初步形成了“龙头+基地+农户”“繁殖→育肥→加工”的产业模式和全辖区优势布局、板块化发展、园区化承载、集群化推进的产业格局，实现了全县养牛业的深度转型。截至2016年年底，全县牛饲养量达到15.7万头，其中存栏9.9万头，出栏5.8万头，牛肉产量7 500吨，养牛业存栏量、出栏量、牛肉产量占全县畜产品综合产量比例在晋中均名列前茅。

和顺县绿和生态农牧业开发有限公司2016年取得肉牛出口自营许可证，2017年4月，国家商务部批复，同意将山西省粮油食品进出口公司供港活牛出口经营权划转至绿和生态农牧业开发有限公司，该公司成为和顺县首个供港肉牛自营企业。

绿和养殖基地工作人员正在为供港肉牛准备饲料

（《山西日报》2017年7月6日头版）

6月28日，和顺县绿和生态农牧业开发有限公司的首批25头肉牛出口香港，开创了我省活体动物出口的先河。据了解，供港活牛标准非常严格，不仅对品种、肉质和体型有要求外，而且对药物残留量的检测也非常苛刻。（本报记者　谢晋摄）

（《晋中日报》2017年6月29日头版）

（六）和顺县肉牛驰名全国

牵住“牛鼻子”过上好日子和顺县肉牛成为农民脱贫的支柱产业。11月28日，记者走进太行之巅的和顺县，道路两旁，养牛小区整齐地排列，健硕的黄牛成群结队，漫步在广阔田野，呈现出养牛大县的突出特点。和顺县领导介绍说，全县共有大型养牛企业12家，标准化养牛小区107个，培育“十头母牛”规模户1 800户以上，为养牛业发展壮大奠定了基础。截至2016年年底，全县牛饲养量达到15.7万头，其中存栏9.9万头，出栏5.8万头，牛肉产量7 500吨，养牛业存栏量、出栏量、牛肉产量占全县畜产品综合产量比例在晋中市均名列前茅。

和顺县是全国首批黄牛改良试点县、全国商品牛基地县、全省肉牛养殖重点县和中国西门塔尔牛太行山类群选育基地县。从20世纪70年代开始该县进行黄牛改良试验以来，历届县委、县政府坚持主抓养牛业，使养牛业在全县农业经济发展中发挥了重要作用。1985年，和顺县承担了国家科技攻关项目——中国西门塔尔牛育种任务，2001年通过国家品种鉴定，和顺肉牛被确定为中国西门塔尔牛太行山类群，和顺县成为中国西门塔尔牛主产区域。1976年以来，和顺县先后六次被授予“全国商品肉牛生产基地建设先进县”，2009年被中国社会科学院评为全国优质农特产品（肉牛）百强县。1979年全国肉牛繁育协作会在和顺县召开，1983年全国部分农区西门塔尔改良本地黄牛繁育技术座谈会在和顺县召开，如今已杂交9代，成为全国唯一实现黄牛全部改良的县。2011年和顺县肉牛被国家质检总局认证为国家地理标志保护产品。

近年来，和顺县制定了培育大型农业龙头企业的思路，坚持两条腿走路，一方面培育育肥、屠宰加工企业，进一步延伸产业链条，提高产品附加值；另一方面培育大型骨干繁育企业，有效保证和顺县肉牛品种、品系的稳定，保证牛源品质。目前和顺县已初步形成了“龙头+基地+农户”“繁殖→育肥→加工”的产业模式和全辖区优势布局、板块化发展、园区化承载、集群化推进的产业格局，实现了全县养牛业的深度转型。从2013年起，县财政在累计投入资金1 500万元，改良草场8.3万亩的基础上，每年再拿出1 000万元的专项资金，用于扶持肉牛。全县不同规模的肉牛养殖企业、养牛合作社、家庭牧场、规模养牛户累计投资逾2亿元，是和顺县历史上发展养牛业投资最多、效果最明显的时期。

（记者 苗武军 通讯员 宁海军）

（2017年12月07日06：59 来源：《山西日报》）

（七）横岭镇翟家庄村

养牛上千头 小康不用愁

本报讯 近年来，和顺县横岭镇翟家庄村“两委”按照新农村建设的总体要求，以改善农村人居环境为切入点，以发展农村经济、增加农民收入为主要目标，积极开发养牛项目，提高了养殖水平，同时也带动了种植业的发展，最大化促进农民增收。

养牛园区实行上级资助，乡村管理，个户分散经营的基本模式。牛群入园饲养实行夏秋放牧、冬春舍饲的模式，实现了全村养牛业的专业服务和管理。村支“两委”主干组成园区建设项目的领导组，具体负责对养牛园区的运作进行管理。成立了“翟兴”养牛专业合作社，为全村养牛户提供销售、技术、信息等服务。为了将养牛业拓宽做细做精，延长产业链条，改变以往简单、粗放的繁育方式，在省纪委的帮扶下建成了百头繁育和百头育肥的“双百头”养牛项目，先育肥，后出售，大大提高养殖户的收入。引导养牛户互助，实现资源共享。好的养牛园区，养牛户之间加强交流，互通有无，充分体现园区的合作功能。发挥示范户带动功能，保障园区的发展。通过“四统一”提高养殖效益。即通过统一管理、统一饲养标准、统一品种改良、统一防疫等措施，不但提高了经济效益，而且降低了养殖成本。

如今，养牛园区项目实施后，园区内基础设施更加完善，养殖规模得到了扩张，养殖水平不断提升，经济效益明显提高。养牛园区建成后的短短几年，引导该村174户贫困户进入园区养牛，扩大养殖规模。从而使能繁母牛存栏达到了980余头，年可生产犊牛680余头，年均出栏牛达到500余头，年销售收入 350 余万元，纯利润达到了 270 余万元。户均增收 1 万余元，达到了稳定脱贫的目标，带动全村 182 户贫困户，实现稳定脱贫，为全县规模养牛标准化进程的推进做出示范和引导。

（本报通讯员：2019 年 3 月 27 日《晋中日报》）

（八）青城镇石掌沟村贫困户李建国

用好资源政策　发展养牛产业

本报讯　2017 年以来，和顺县青城镇石掌沟村的建档立卡贫困户李建国立足本村山大坡广的资源优势，发展养牛产业，截至 2016 年年底，已出售肉牛 4 头，收入 3.1 万元，加上种植业收入 8 000 元，还有各种惠农补助，总收入接近 4 万元，除去各种生产性支出，家庭人均纯收入达到 5 200 元。

前几年，李建国在村里种地养羊，由于经营和市场等方面原因，家庭收入不高，一直摆脱不了贫困。2017 年，县科协到石掌沟村帮扶，帮助村里建起了养牛园区，工作队员经常入户宣讲扶贫政策，改变村民的思想观念，开展农业实用技术的宣传培训，村里养牛的数量逐步增加，通过实行科学饲养，养殖效益不断提升。

2017 年下半年，李建国在帮扶责任人的引导下，立足本村山大坡广的资源优势，决定发展养牛产业，12 月他卖掉了 100 多只羊，购买了 11 头牛精心喂养。

去年，看到村里养牛园区配套工程逐渐竣工，已符合养殖户入住的条件，自己分到了 200 $米^2$ 的牛舍，李建国萌发了扩大养牛规模的念头。7 月，他申请了 5 万元的金融扶贫小额贷款，自己筹集了一部分资金，又购买了 12 头牛，牛的饲养量达到了 20 多头。

（本报通讯员：2019 年 4 月 10 日《晋中日报》）

（九）和顺县青城镇大雨门村吴贵喜靠勤劳养牛过上好日子

清扫牛槽、喂草饮水、整理圈舍……披着暮色，吴贵喜又在自家牛棚前忙碌了起来。再过几个月，棚里有 11 头小牛犊就要出生了，他每天傍晚都要额外给它们加一顿“营养夜餐”。

吴贵喜是和顺县青城镇大雨门村的一名普通村民，全家四口人。之前为了全家人过上好一点的生活，他不辞辛苦，早出晚归，忙于奔波，仅靠种植玉米和打零工维持生计。但年复一年的打拼，并没有给这个家庭带来多大变化。特别是两个孩子的读书，一个上大学，一个读高中，给本来就不富裕的家庭增加了许多负担。

“当时家里穷得连1 000元钱都拿不出来了，想到两个孩子的学费，今后的生活就觉得眼前一抹黑。”回忆起当时的情景，生性要强的吴贵喜满含泪水。

当吴贵喜夫妇俩为撑起这个家而一筹莫展之时，党的精准扶贫的春风吹进了黄土高原，也吹暖了大山里的这个小村庄，更把精准扶贫的阳光温暖洒向了这个贫困家庭。

一切的改变，是从镇村确定2014年精准扶贫对象开始。驻村干部和村委会班子经过一系列摸底排查，吴贵喜家被确定为建档立卡贫困户，在询问了解了具体情况后，帮扶干部分析出他家经济来源单一，没有致富产业，要想脱贫致富，还是要从产业发展上想办法。经过帮扶干部多次入户与他家沟通交流，从思想上激发了他发展的信心和动力，坚定了脱贫致富的信心，克服了“等、靠、要”的思想。2015年吴贵喜与家里人沟通协商，逐项分析，利用大雨门村山大坡广、水草丰盛的地里优势，最终决定发展养牛，自从认准了这个致富路子以后，吴贵喜东拼西凑用借来的钱买了3头牛。

他深知，买牛不难，但要养好并不容易，既要科学饲养，又要有实干精神，为此，他积极联系驻村工作队邀请兽医站技术员专门为其提供技术指导和支持。发现问题及时采取措施，每个细节都不放松，期间没有发生过一次大规模病害，也没有发生过一次因管理不当而死亡现象。平日里不管是刮风下雨还是烈日暴晒，在山上在牛圈总能看到他们两口的身影。一分耕耘，一分收获。吴贵喜从刚开始5头牛到2018年已经发展到牛存栏19头。2018年，他根据市场情况，出售小牛5头，实现收入4万元。有了收入上的改观，他更加坚定了发展养牛产业脱贫致富的信心。

（本报通讯员：2019年6月12日《晋中日报》）

（十）把脉问诊养牛瓶颈 广开门路寻求良方

针对和顺县横岭镇翟家庄村养牛业发展进入瓶颈期，为破解该村养牛业存在的发展难题，推动翟家庄村、横岭镇肉牛产业提质增效，帮助农户脱贫致富，近日，市畜牧站积极协调、组织市农机局、和顺县农委、扶贫工作队及山西农业大学教授、养牛龙头企业等赴翟家庄村实地调研，就翟家庄村养牛产业存在的“产业链不够长、产品附加值低和饲草资源利用不科学、饲养水平低下”难题把脉问诊。

横岭镇是和顺县养牛第一大镇，翟家庄村，则是横岭镇养牛第一大村。养牛业是当地农民增收的第一渠道，主要收入来源为养殖能繁母牛、出售架子牛犊，是有效的脱贫致富途径。但当地农户一直采用传统放牧的粗放养殖模式，存在养殖技术落后、能繁母牛产犊率低、育肥技术匮乏、产业链条短、天然牧坡资源超载等问题，呈现出养牛总量大、养牛经济效益不高、农户利润少等现象。

通过实地考察、调研，经过多次讨论研究，市畜牧局因地制宜，初步确立了在和顺县横岭镇启动肉牛产业园区建设工程的发展思路，以翟家庄村为试点，以建设横岭镇肉牛产业园区为引领，引入肉牛育肥龙头企业（山西金农庙会畜牧科技有限公司）、山西农业大学草体系团队、肉牛体系团队等先进的养殖理念和技术，推动实施启动肉牛育肥示范园建设、开展天然草坡改良试验示范、开展玉米青贮作业、推广肉牛繁育新技术、加快品种认定、延伸产业链条等六大重点项目，逐步实现肉牛产业提质增效，农民增收，带动和顺县肉牛产业提档升级。

龙头企业的入驻带动、育肥养殖技术的引进，“政府+企业+农户”的养殖模式，这些举措将带动横岭镇周边养牛户开展肉牛育肥养殖，引导养牛户与龙头企业建立利益联结机制，预计可带动农户增收 3 500 元/年，带动村集体增收 3 万元/年。同时，可观的经济效益、先进的养殖技术、产业水平的不断提升，将进一步改变当地农户传统的养殖观念，对和顺县肉牛发展、农民增收致富，依托养牛产业稳定脱贫，作用重大，意义深远。

（记者　闫晓媛，通讯员，芦洋：2018 年 11 月 7 日《晋中晚报》）

第五章　相关荣誉

高楼万丈平地起。40多年来，和顺县的畜牧业生产，在黄牛改良事业的带动下，取得了令人骄傲的成绩，无数次受到省、市（地）、县的表彰。和顺肉牛，于2011年6月获得了“国家地理标识保护产品”称号。从事这项事业的科技工作者，付出了艰辛的努力。无论是个人还是畜牧事业都取得了可喜的成绩，得到了社会的回报。他们为和顺县的黄牛改良贡献了自己的聪明才智，也为和顺县的脱贫攻坚起到了巨大的推动作用，他们是和顺县畜牧业发展的功臣。他们中有身处本地的和顺人，也有身处他乡的专家学者。他们中无一例外地热爱养牛业，无一例外地热爱和顺县，无一例外地为“太行云牛”的成长贡献了自己的学识。为了“太行云牛”他们不计得失，为了黄牛改良他们不计报酬，为了传承“太行精神”他们筚路蓝缕。有了他们的无私奉献，才能有“太行云牛”今天的问世。才能有这个改良黄牛为全县百姓创造不尽的经济价值，才能够成为今日和顺县脱贫路上的主要产业。伟大的事业离不开每一位无私奉献的劳动者。历经40多年，和顺县终于有了自己的农业名片，这张名片正好呼应了和顺县“牛郎织女传说”的故乡印记，丰富了和顺现代农业的内涵。这些默默奉献的人们，才是成就“太行云牛”的功臣。歌功颂德不是为了现今的骄傲，而是为了牢记他们的无私贡献，铭记这些科技工作者的功勋。在此我们把和顺县畜牧业所受到的可歌可泣之荣誉搜集整理如下。然而，荣誉之大，篇幅之小，编者拙笔何以承载历史的厚重。不周之处还需要有功之臣们建言，也容以后再版扩容之用。我们不胜感激！

和顺县养牛业、和顺肉牛享誉全国，国家农业部多次在和顺县召开会议，推广和顺经验，并授予多项荣誉。

——1976年全国农业展览馆展出和顺县黄牛改良经验。

——1978年和顺县被列为全国商品牛基地县。

——1979年9月，全国肉牛繁育协作会在和顺县召开，推广和顺黄牛改良经验。

——1982年，和顺县被中华人民共和国农牧渔业部授予“全国商品牛生产基地先进县”荣誉称号。

——1983年，全国部分农区西门塔尔牛改良本地黄牛繁育技术座谈会在和顺县召开，推广和顺经验。

——1983年，和顺县被中华人民共和国农牧渔业部授予“全国商品牛生产基地先进县”荣誉称号。

——1984年，和顺县被中华人民共和国农牧渔业部授予“全国商品牛生产基地先进县”荣誉称号。

——1988年，和顺县被中华人民共和国农业部授予“商品牛基地建设先进县”。

——1990年，和顺县被中华人民共和国农业部授予“商品牛基地建设先进县”。

——1992年，和顺县被农业部畜牧兽医司授予“全国畜禽品种改良先进县”。

——2009年，和顺县被中国社会科学院评为全国优质农特产品（肉牛）百强县。

历年来和顺县畜牧业获得的荣誉奖牌

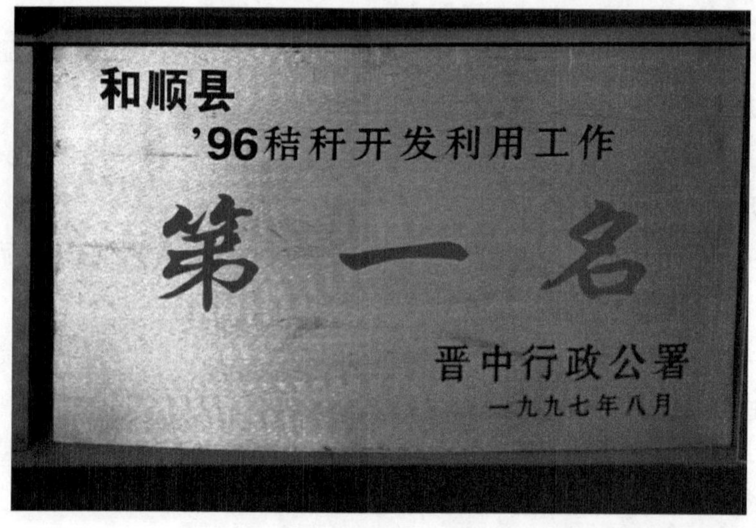

1997 年晋中地区行政公署授予“秸秆开发利用第一名”

1997 年晋中地区行政公署授予农业科技服务先进单位

2000 年山西省农业厅授予动物防疫工作先进单位

2002 年山西省人民政府授予和顺县畜禽防治先进集体

2003年晋中市“防治牲畜口蹄疫指挥部先进集体”

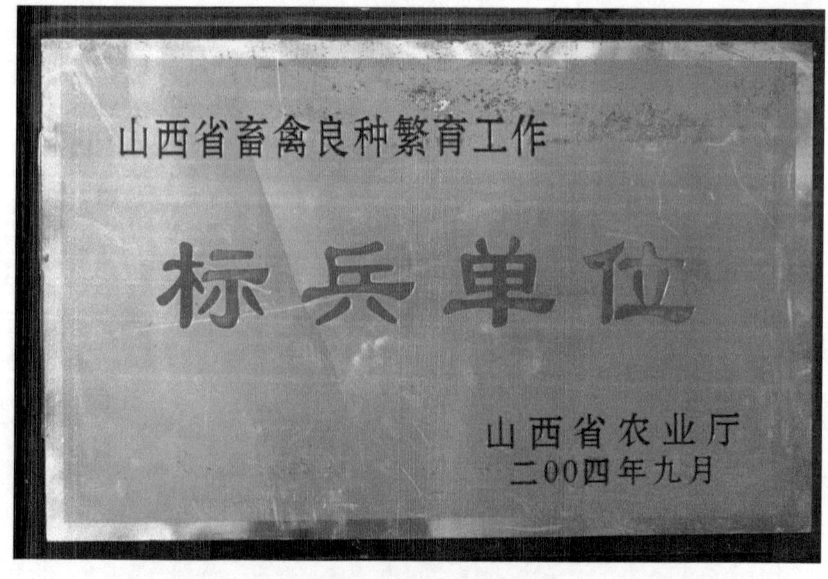

2004年山西省农业厅颁发“畜禽良种繁育工作标兵单位”

2005 年山西省农业厅授予“2004 年度畜牧业生产先进县”

2006 年山西省农业厅授予畜牧业生产先进集体

2008 年山西省农工委畜牧生产先进单位

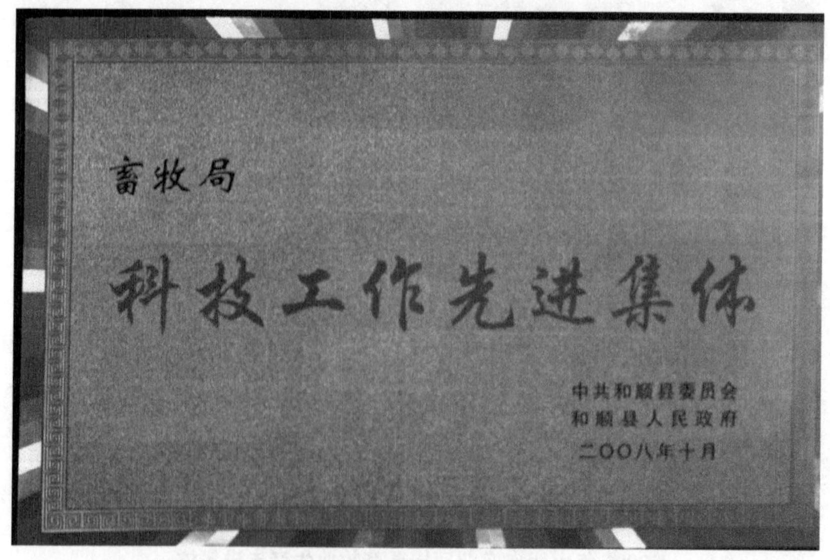

2008 年和顺县委县政府授予“科技工作先进集体”

2011 年和顺云牛被国家质量检验检疫局列入国家地理标志保护产品

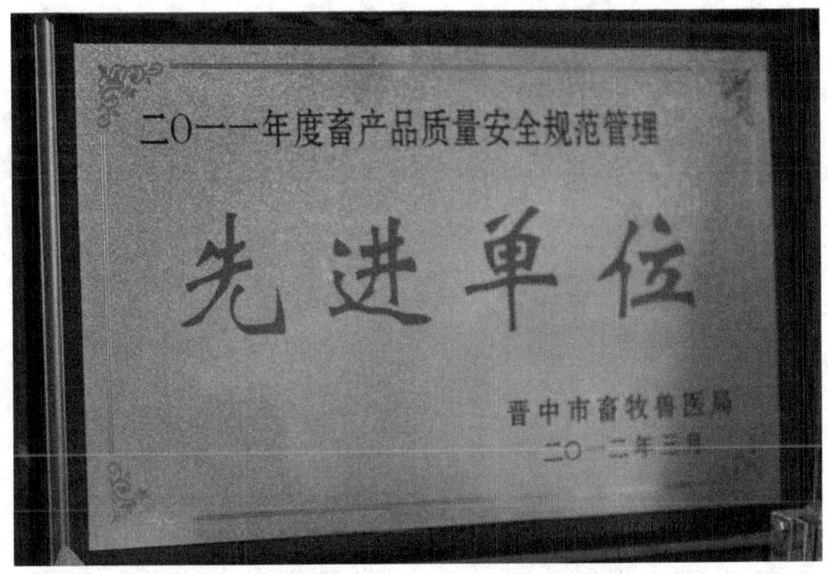

2012 年晋中市畜牧局授予“2011 年度畜产品质量安全规范管理先进单位”

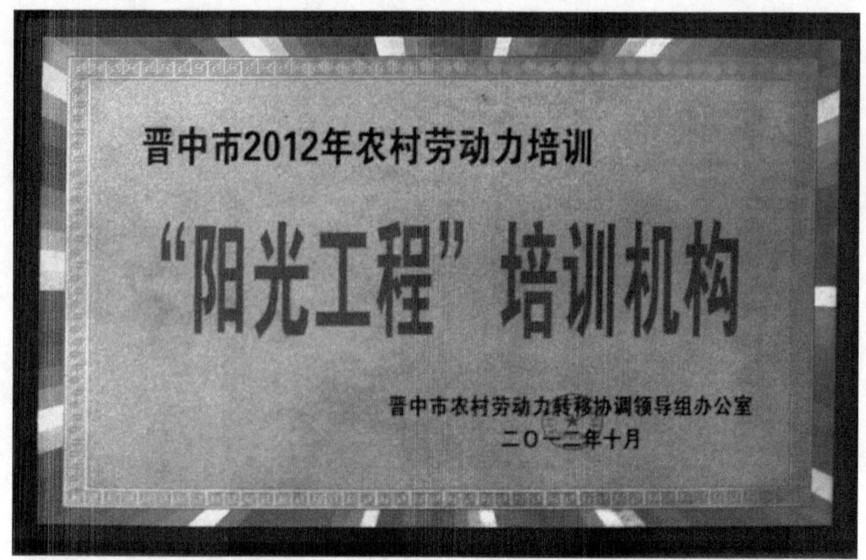

2012年晋中市授予"晋中市2012年农村劳动力培训'阳光工程'培训机构"

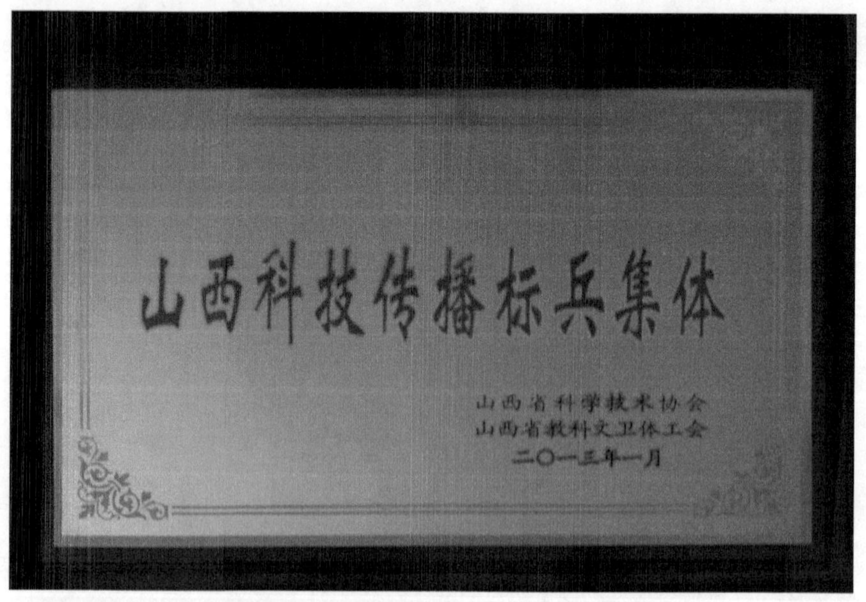

2013年山西省科技协会授予"科技传播标兵集体"

2014 年晋中市劳动竞赛委员会授予“五一劳动奖状”

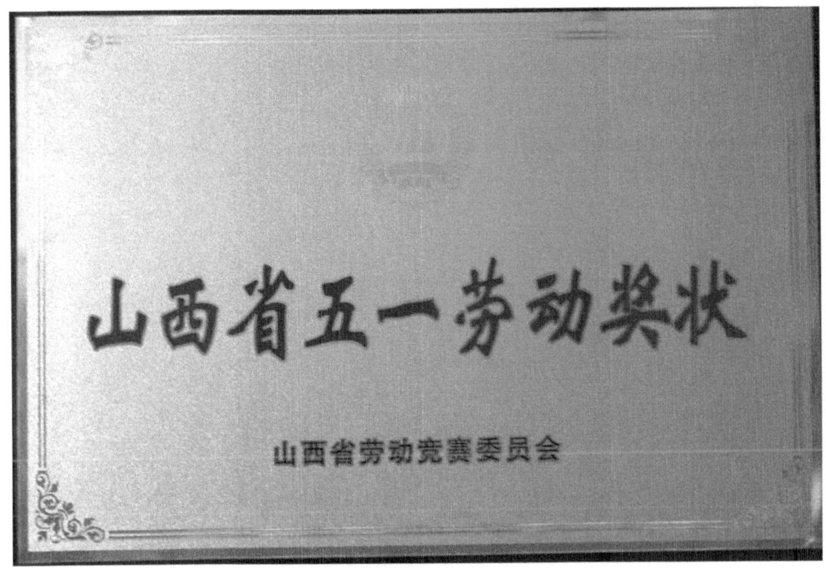

山西省劳动竞赛委员会授予“山西省五一劳动奖状”